嘘だらけの日独近現代史

倉山 満
Mitsuru Kurayama

目次

はじめに

今回は「嘘だらけシリーズ」の完結編です。アメリカ、中国、韓国、ロシア、イギリス、フランスときて、ドイツです。

ドイツ帝国とかかわった明治以来、当時の最先進国だった彼の国の影響を日本はいかほど受けたか。帝国陸軍はドイツ陸軍を師と仰ぎ、最近まで日本人の医者はカルテをドイツ語で書いていました。歴史学はドイツの大学を模倣《マネ》して始まり、日本近代史において「欧米」「西洋」と言った場合に、たいていの人はドイツを思い浮かべる憧れの国でした。それだけに大量のドイツかぶれを生み出し、日本人の舶来コンプレックスの根源となっている国でもあります。

一方で、ドイツにはどれほどの不快な思いをさせられたか。アドルフ・ヒトラーに至っては、我が大日本帝国を地獄の底に叩き落としました。現在においても何かと中国と仲よくし、嫌がらせをしてくる。隣国と仲が悪いのは世の常とはいえ、国境を接しているわけでもないのに嫌がらせをするなんて、本当の敵国だ。そう思う人もいるかもしれません。

では、ドイツとはなんでしょうか。

通説

ドイツの正式名称はドイツ連邦共和国。首都はベルリン。十六の州から成り、総面積は三五万七三八六平方キロ。人口は八二五〇万人。

すべてまちがいです。

日本人の大半は、これがドイツだと思っているでしょう。だからこそ私は、この本を書いたのです。確かに、ドイツ連邦共和国はドイツを名乗っています。しかし、ドイツとはドイツ連邦共和国のことではありません。これからドイツの歴史をたどっていきますが、最初に大まかに時代ごとの特徴を挙げておきましょう。

古代：移動大好きゲルマン人
中世：分割大好きフランク人
近世：乗っ取り大好きプロイセン人

ついでに、こう続きます。

近代：輸出大好きドイツ人

何を輸出するかといえば、「王様」です。王様の輸出はドイツ史のメインストリームではないので、ここでは代表的な例だけ示しておきましょう。

一六九七年、ポーランド国王選挙でザクセン選帝侯アウグスト強健侯が当選。

一七一四年、ハノーファー（ハノーヴァー）選帝侯がイギリス国王ジョージ一世として即位。

一八三二年、バイエルン王の次男オットー（十七歳・カトリック教徒・ドイツ語以外にラテン語が少々）がギリシャ国王に。ちなみにギリシャはギリシャ正教の国。

ドイツ人は、こういうことをやっている人たちで、日本人の感覚ではぶっ飛びすぎているので、少しずつ説明していきます。

まずは、語源から。ドイツがややこしいのは、土地、人、言語の由来がすべてバラバラなことです。

専門家が「ドイツ地方」と言う場合、今のドイツ共和国だけでなく、その周辺も含めます。国でいうとオーストリアとルクセンブルクとリヒテンシュタインは完全にドイツ地方に含まれますし、オランダ、ベルギー、スイス、デンマークといった国々の一部もドイツ地方です。チェコやポーランドの一部を含める人もいます。フランスのアルザス＝ロレーヌも、もともとドイツ地方のエルザス＝ロートリンゲンが奪われたものです。

その時点での国境など簡単に飛び越えてしまうので、ドイツを語るときの注意点です。土地の次は人です。ドイツ人は、もともとゲルマン人と呼ばれていました。ローマ人が、ゲルマニアという土地に定住していた人たちのことをそう名付けたのが由来です。面倒くさすぎるので説明は第一章に回しますが、ゲルマン人の皆さんは一か所に定住しないので、「ゲルマニアという土地に定住していた人たち＝ゲルマン人」ではありません。ようやく定住するのは九世紀のカロリング朝のころで、バイエルン、フランケン、チューリンゲン、ザクセンが「ドイツ地方」の原型となります。わざと南から並べましたが、北のベルリンが入っていないことに気づいたでしょうか。

ちなみに阿部謹也『物語　ドイツの歴史』（中公新書、一九九八年）によると、もっとも古い「ドイツ」の表記は、「七八六年ローマ教皇ハドリアヌス一世宛アミアン司教ゲオルク書簡」だそうです。

日本におけるドイツ史の大家である阿部先生の名前を出したところで、ほかのドイツ通史の良質な入門書を紹介しておきます。

まずは高校生が読むレベルで、明石書店の「世界の教科書シリーズ」から『ドイツの歴史【現代史】』が手っ取り早いでしょう。このシリーズではほかに、『ドイツ・フランス共通歴史教科書』が「現代史」「近現代史」と二冊も出ています。

専門家がどのような議論をしているかを知りたい方は、木村靖二、千葉敏之、西山暁義編『ドイツ史研究入門』（山川出版社、二〇一四年）を。より詳しい内容が一冊でコンパクトにまとまっているのが、木村靖二編『世界各国史13　ドイツ史』（山川出版社、二〇〇一年）。少し古いのが玉に瑕だけど分厚い内容に進みたい人には、成瀬治、山田欣吾、木村靖二編『世界歴史体系　ドイツ史』全三巻（山川出版社、一九九六～九七年）を。

途中から山川出版社の回し者になったような気がしますが（苦笑）、この出版社は高校の歴史教科書が悪いだけで、多くの良質な本を世に送り出しているのでオススメです。

本題に戻り、土地と人に続き、言語です。「ドイツ人って誰？」と聞かれた場合、「ドイツ語を話す人々のこと」と答えるのは、ポピュラーな定義です。国境なんてすぐ変わることに慣れているドイツ人にとって、国籍よりも母語のほうが大事なのです（北と南の発音の違いは甚だしいですが）。

九世紀の初め、フランクの民衆が話していた言葉を、フランク帝国の教養語・行政語であるラテン語と区別するために、「民衆の言葉」と呼んだのがドイツ語の起源とされます。

ここで整理しましょう。

土地：「ドイツ地方」＝今のドイツ連邦共和国とその周辺
人：「ドイツ人」＝ゲルマン民族。ヨーロッパをウロウロしていたが、ドイツ地方に定住
言語：「ドイツ語」＝ドイツ人が話す言葉

ドイツとは何ものなのか。我が国の近現代史を理解するうえで極めて重要な国の正体を、これから一緒に探っていきましょう。

第一章　西ローマ帝国

主な登場人物

シーザー（紀元前一〇〇〜紀元前四四）皇帝の語源。どうでもいい話なので本文では書かなかったが、元老院の三分の一の議員の妻を寝取り、恨まれて暗殺された。当たり前だ。

オドアケル（四三四年〜四九三年）西ローマ帝国を滅ぼす。こいつみたいな末路をたどりたくないので、歴代簒奪者は教皇の権威を頼り、調子づかせることとなる。

オットー大帝（九一二年〜九七三年）九六二年に神聖ローマ皇帝に即位したので「苦労人」と日本人は覚える。

ハインリヒ四世（一〇五〇年〜一一〇六年）「カノッサの屈辱」の人。

バルバロッサ（一一二二年〜一一九〇年）本名・フリードリヒ一世。本作では前座。独ソ戦の語源。

インノケンティウス三世（一一六〇年〜一二一六年）史上最強のローマ教皇。いつの間にか「嘘だらけシリーズ」でレギュラー化した。

概略図「中世ヨーロッパ」

ポメラニア公国
プルーセン人
ポーランド王国
神聖ローマ帝国
フランス王国
ハンガリー王国
クロアチア
ヴェネチア
教皇領
ノルマン公領

第一節 「ゲルマン民族」――玉突きで大移動

移動大好きゲルマン人。ゲルマン人は、ヨーロッパ半島をチョコマカと動き回ります。原始時代の一万年前にバルト海沿岸へ。エジプト文明絶頂期の紀元前千年ごろに、スカンジナビア半島南部から移住を開始。ギリシャ文明絶頂期の紀元前五百年ごろに西、東、北に分かれて移動。始皇帝が元気だった紀元前三世紀ごろに南下し、ケルト人の居住区を征服していきます。だいたい今のドイツからフランスのあたりに来たと思ってください。

まともに歴史書に登場するのは、ローマ帝国のシーザーの時代です。シーザーはカイザー（皇帝）の語源となった将軍です。

シーザーはガリアという、今のフランスとドイツ、それにイギリスのイングランド地方に遠征したのですが、ゲルマン人はほかの連中とまとめて粉砕されたとの記述が『ガリア戦記』というシーザーの報告書に書かれています。この時、ローマ帝国とゲルマン民族の居住区の境がライン川になったようです。ヨーロッパ全域に勢力を伸ばしたローマ帝国は、ゲルマン人を「辺境の蛮族」として扱っていました。蜂起を繰り返すので、そのたびに叩きのめしています。

ヨーロッパ人はローマ帝国を世界帝国の代名詞のように語ることが多いのですが、絶頂期を比べると、大日本帝国の版図のほうが広いことを知っているのでしょうか。

さて、ヨーロッパ全域に（ローカル大名として、五賢帝の最初の二人以外はペルシャ人とか東方のアジア人に負けっぱなしという事実には触れないようにして）栄華を誇ったローマ帝国にも、没落の日が訪れます。

三七五年、中国人が五胡十六国時代と呼ぶころ、支那大陸本土は王朝が浮かんでは消える大動乱時代です。中国人は周辺諸国を野蛮人と見下していましたが、実際の力はチャイニーズのほうが圧倒的に弱く、歴代中華皇帝は、中央ユーラシアの騎馬民族に貢納して生きていました。有名な漢の劉邦は自分たちが匈奴と呼んだ騎馬民族に貢納していました。要するに、国ごとカツアゲされていたのです。「匈奴」は「騒がしい奴」という意味になります。音に漢字を当てただけなのでしょうが、支那人もうまい表現をするものです。

あ、「支那」は差別語だから使うな、という抗議は一切受け付けませんので。自分が周辺の人々に「匈奴」「蒙古（＝愚かで古い）」「朝鮮（＝みすぼらしい）」「倭（＝猫背、チビ）」などと呼んでいたのだから、歴史用語として使う場合の「支那」は遠慮なく使わせていただきます。ということで、発声練習代わりに。

支那！支那！支那！

さて、本題に戻ると、五胡十六国時代の支那大陸南部は王朝が浮かんでは消える状態です。支那大陸北部から中央ユーラシアにかけては、騎馬民族が暴れまわっていました。そうした騎馬民族の圧迫に耐えかねて西のほうに移動を始めたのが、フン族です。フン族が西に移動し黒海を征服すると、ゲルマン民族は耐えかねて西に移動します。そして、ローマ帝国に少しずつ入り込んでいきます。これが「ゲルマン民族の大移動」です。

なんのことはない、「ユーラシア大陸の玉突き移動」です。そして、ヨーロッパ人が「世界帝国」と誇るローマ帝国はすでに最弱です。ゲルマン民族の侵入に、ローマ人はなすすべもありません。一方的に蹂躙されるばかりです。

それにしても、かつては（ローカル大名としては）最強だったローマが、なぜここまで弱くなったのでしょうか。政治は腐敗し、国民はパンとサーカスに明け暮れていました。これに憲法で「平和を愛する諸国民を信頼して戦争はしません、軍隊も持ちません」とでも書き込んで、国防は外国人に金を払って済ませていれば現代の極東にぽっかりと浮かぶ平和ボケした経済大国そのものですが、ローマ帝国の末期も似たようなものでした。

自分の国は自分で守るという気概を失い、傭兵という金で雇われた兵隊に国防を任せっきり。そして、死に瀕したローマの場合はキリスト教の影響が見逃せません。

三一三年にキリスト教を公認するのですが、これを契機に急速に帝国全土に広まります。このころのキリスト教は「すべての知識は聖書にあるから、ほかの知識はいらない」みたいなことを主張しています。一つ例を挙げると、ローマからは上下水道の技術が失われ、不潔な都市になりました。キリスト教は三九二年に国教化されるのですが、はっきり言ってローマはこんな邪教に乗っ取られて弱体化したのです。皇帝は早くも三三〇年にコンスタンティノープルに遷都し、三九五年には正式に東西に分裂しました。腐敗した西ローマ帝国を切り離して新たに建国されたのが東ローマ帝国（ビザンチン帝国）なのです。

四七六年、傭兵隊長オドアケルがクーデターを起こし、西ローマ皇帝が廃位されます。これを東ローマ皇帝が承認しました。ここに、西ローマ帝国は滅亡します。

しかし、オドアケルの天下も長続きしません。四九三年、東ローマ帝国の内紛に振り回されたオドアケルは、内乱の最中に戦死します。

その後、西ヨーロッパでは、国が浮かんでは消える動乱状態に突入します。西ヨーロッパ人にとっての栄光の古代が去り、暗黒の中世が到来します。

第二節 「フランク王国」――ドイツらしきものの起源

分割大好き、フランク人。五百年ほど、英雄の登場と分割相続を繰り返します。国を統一しては、その子供たちに分割相続し、動乱の果てに統一する、を繰り返します。兄弟ゲンカが起きないようにという理由なのですが、そのたびに国は弱まります。

四八一年、大和朝廷が古墳をパンパカ造っている時代、クローヴィスがフランク王に。五一一年、クローヴィスの死後に王国を四分割。五五八年、我が国に仏教が伝来したころ、クロタール一世が王国を再統一。三年後、クロタール一世の遺産分けで王国を四分割。六一三年、聖徳太子が「維摩経義疏」を記した年、クロタール二世が王国を再統一。といった具合です。

七五一年、聖武天皇が奈良の大仏を完成させる前年、ピピン（同名の名君が三人いるので小ピピンと言われる）がローマ教皇の支持を得てフランク王になります。

菊池良生《よしお》明治大学教授によると、オドアケルが簒奪者呼ばわりされて非業の最期を遂げたので、権威の裏付けを求めたとのことです。簒奪者というのは「正統性もないのに位を奪ったやつ」という意味ですが、そういうレッテル貼りをされると「なんでお前に従わなきゃいけないんだ?」とみんなに思われてしまうので、理由づけは大事なのです。

菊池先生はドイツ（とくにオーストリア）文学がご専門で、ハプスブルク帝国やドイツ史全般に関する著書を多く出されているので、いちいち出典の明記はしませんが、二十五年ほどの愛読者でございます。

菊池先生、中身はもちろん文章も秀逸で、「フランスはカール大帝の出身部族、フランク族はゲルマン人ではなくガリア人（ケルト人）である、というトンデモ説を主張する。一方ドイツはフルダ大修道院の古文書を見つけ出し、大帝の出生地をチューリンゲンであると確定し、大帝ドイツ人説を打ち立てる」みたいな書き方をされたら、「嘘だらけシリーズ」の著者は商売あがったりです（笑）。全編こんな感じの原文に当たりたい方は、菊池良生『神聖ローマ帝国』（講談社現代新書、二〇〇三年）を。菊池先生の著作にハズレなしです。なお、フランス人の何がどう「トンデモ」かは、『嘘だらけの日仏近現代史』（扶桑社、二〇一七年）をどうぞ。著者名は忘れましたが、名著です。

前著で話したとおりの経緯で、八〇〇年にカール大帝はローマ教皇から帝冠を授けてもらいました。ここにフランクの正式名称は西ローマ帝国になります。しかし、またもや八四三年のヴェルダン条約で帝国を三分割します。これが、今のドイツ、フランス、イタリアの原型となります。ドイツの原型は東フランク王国で、その王は「ドイツ人の王」を名乗るようになります。

九三六年、オットー一世は東フランク王（ドイツ人の王）に即位します。この時、「不可分の王国」を宣言します。自分の領土の正式名称を「帝国」としたのです。オットーは武略と政略に秀で、王国の貴族たちを平伏させます。

九六二年、オットーは西ローマ帝国皇帝を名乗ります。これをもって後世、神聖ローマ帝国の初代皇帝、オットー大帝と呼ばれるようになります。ただし、「神聖ローマ帝国」の名が公文書に登場するのは、はるか後の一二五四年です。

カール大帝は教皇主導での戴冠だったので、カトリック教会に威張り散らされました。その反省から、オットー大帝は「オットーの特許状」を発します。すなわち、戴冠の条件として、教皇領の安堵と教皇選挙への協力を約束しました。「俺が皇帝になって、お前の地位を安泰にしてやる」という内容です。これに怒ったローマ教皇ヨハネス十二世は、トルコやハンガリーに檄を飛ばし、皇帝包囲網を構築します。お前は足利義昭か!?　オットーも負けてはおらず教皇を引きずりおろし、レオ八世を擁立して対抗します。

てな感じで、ユーラシア大陸の西の果て、辺境のドイツ&イタリア地方でチマチマと争いごとを続けていたのですが、なぜ日本の世界史教科書は必ず取り上げるのか。

大帝の息子のオットー二世は、九八二年のコロンネの戦いでイスラム軍に大敗します。このときのイスラム帝国は、今の中東から北アフリカ全域を支配する大帝国で、絶頂期のローマ帝国の領土を軽く超えていましたから、かなうはずがありません。

ヨーロッパなどしょせんは辺境、片田舎なのです。「嘘だらけシリーズ」で、何度も繰り返してきたとおりです。

第三節　「十字軍」――二百年にわたるバカ騒ぎ

東ローマ帝国は、宮廷での陰謀劇がお家芸です。イスラム帝国どころか、スラブ民族のブルガリア人にまでカツアゲされるような有様で、国力はどんどん衰退していきます。

西のほうでも、皇帝と教皇の主導権争いは年中行事。その派閥抗争を貴族たちが楽しんでいるかのような有様です。それも当然で、教皇や皇帝が弱ければ自分たちの発言力が強くなるのですから、国がまとまり、強大な権力が登場することなど望むはずがありません。

対立が頂点に達したのが、教皇グレゴリウス七世と皇帝ハインリヒ四世のときです。

一〇七六年、ハインリヒ四世はローマ教会に多数派工作を行い、ヴォルムス教会会議（こんな名前覚えなくていい）を招集し、グレゴリウス七世の廃位を宣言します。そして次期教皇選出の手続きに入りました。しかし、グレゴリウス七世はハインリヒ四世の破門を宣言します。こちらも次期皇帝の擁立手続きに入ります。お互いに足元に敵を抱えている不安定な状態だからこその、政変です。

結果、貴族たちは教皇を支持し、皇帝の孤立が明白になりました。そこでハインリヒ四世は直接詫びを入れることを思いつきます。

一〇七七年、一月の雪のなか、妻子だけを連れて雪のアルプスを越え、教皇がいるイタリア半島北部のカノッサ城を訪れ、門の外で三日三晩、許しを請いました。世に言う、「カノッサの屈辱」です。カノッサ城は、教皇の愛人と噂されるマチルデの居城です。マチルデは、かつて皇帝の父に監禁されたこともあり、宿敵です。マチルデは皇帝一家を見下ろして勝ち誇っていたと伝えられます。

ここまでされて、教皇は破門を解きました。教皇の完勝です。ただし、一時的な。

やがて勢力を取り戻した皇帝ハインリヒ四世は逆襲し、一〇八〇年に再び破門されますが、クレメンス三世を教皇に擁立して対抗します。一〇八五年、グレゴリウス七世は失意のうちに死去します。

　このように、西ヨーロッパでは教皇と皇帝が延々と対立を繰り返しているのですが、しょせんは辺境の地の内ゲバです。それが突如としてユーラシアのメインストリームにしゃしゃり出る大騒動を引き起こします。

　十字軍です。

　聖地エルサレムをイスラム教徒のセルジューク・トルコ帝国に奪われた東ローマ皇帝アレクシオス一世は、一〇九五年、ローマ教皇ウルバヌス二世に援軍を求めました。ウルバヌス二世は東ローマ帝国の傭兵に使われるよりは、自分で取り返したほうが得だと考えました。そして十字軍を宣言します。

　一〇九六年、聖地奪回を大義名分に第一回十字軍が進発します。二百年にわたるバカ騒ぎの始まりです。キリスト教徒は自分たちを正義の味方のウルトラマンと思っているのですが、イスラムの側から見ると十字軍など性懲りもなく侵略にやってくるバルタン星人です。このあたり日本語でまとまった文献としては、アミン・マアルーフ『アラブが見た十字軍』（牟田口義郎・新川雅子訳、ちくま学芸文庫、二〇〇一年）をどうぞ。

　キリスト教徒が迷惑をかけたのはイスラム教徒だけではありません。ユダヤ人などは

「景気づけ」に殺されています。

ドイツ史を語るうえで、アドルフ・ヒトラーとナチスのユダヤ人虐殺を避けて通るわけにはいきません。では、ヨーロッパ人のユダヤ人への態度は、ヒトラーとナチスだけの特異現象なのかというと、歴史的事実を直視すればするほど、そうとは言えないのです。十字軍兵士は「『身近にいる異教徒』ユダヤ人を虐殺」……みたいなのが現実でしたから（前掲『物語 ドイツの歴史』三三五頁より）。

ユダヤ人の定義は、現代イスラエルの法律によると「ユダヤ人の母親から生まれた者、あるいはユダヤ教に改宗した者」です（だから現代では、〝日本人でユダヤ人〟という人もいます）。ユダヤ人はローマ帝国の時代に国を奪われて約二千年間も世界中を流浪し、ユダがキリストを殺したという理由でキリスト教世界では迫害されてきました。「ユダもキリストもユダヤ人なのに、なぜユダヤ人がユダヤ人を殺したからと、ここまでされなアカンのや？」ということです。

長らくユダヤ人差別は、ヨーロッパの社会システムに組み込まれていました。一例を挙げれば、イベリア半島ではユダヤ教を捨ててキリスト教に改宗するとユダヤ人とは見なされないけれども、「ブタ」「新キリスト教徒」と蔑視されました。少しだけマシになりますが、被差別階級であることに変わりはありません。汚れ仕事をやらせるためです。
現在のドイツ史研究でも、ユダヤ人問題はナイーブなテーマとされています。

第四節　「インノケンティウス三世」――インテリジェンスの天才

十字軍は性懲りもなく行った侵略ですが、先進のイスラム文明が流入し、ヨーロッパにも変化が現れます。キリスト教が広まる以前の、忘れられていたギリシャ・ローマ文明が逆輸入されたのです。ヨーロッパ人はソクラテスやプラトンの哲学を誇りますが、自分たちが捨て去り忘れていたのを、イスラムの皆さんがきちんと保存しておいてくれたおかげなのです。

そんなことよりも、なぜか日本の世界史教科書ではマイナーエピソードのほうを教えられます。赤ひげ王ことバルバロッサのことです。このおっさん、ヒトラーのソ連侵攻作戦が「バルバロッサ作戦」と名付けられたので、語源として覚えさせられます。

何をしたかというと、一一五五年に神聖ローマ皇帝（まだそんな正式名称ではなく西ローマ皇帝）として戴冠、一一五七年に正式名称を「神聖帝国」と改称、諸侯と戦い続け、一一九〇年に第三回十字軍に参加して川で溺れ死ぬ、という人です。日本人からしたらど

〜でもイイ人で、同時代の平清盛のことを勉強したほうが、よほどタメになるでしょう。ドイツ史やヨーロッパ史にとっては重要人物なのでしょうが、「じゃあヨーロッパ統一教科書に平清盛を載せるか？」と言っても、アチラの人は相手にしません。日本の世界史教科書は「日本人にとって大事な歴史的事実は何か」という選択基準ではなく、「アチラの人が大事だと思っていることは何か」を基準に決めるから、こうなるのです。要するに舶来コンプレックスです。

ちなみにバルバロッサ、エピソードとしては面白くて、溺れ死んだ川も腰までの深さしかなかったとか。だから、暗殺説とか、急病を発症して溺れ死んだとか、いろんな説があります。九年後に死んだ源頼朝が、「落馬して死んだ」のか「急病を発症して落馬して死んだ」のか、はたまた「暗殺」なのか、諸説あるのと似ています。まあ、小話として流してください。

さて、前座はこれくらい。

ここで、現代日本人にとっても、世界の歴史にとっても重要人物が登場します。いつのまにか「嘘だらけシリーズ」不動のレギュラーとなった、インノケンティウス三世です。「イノケンさん」のあだ名も定着しましたし、「史上最強の教皇」という言い方も密かに学界の人も気に入ってくれているみたいで、感無量です。
シリーズ最終作を記念して、あの名ゼリフを引用しましょう。

全宇宙の創造主である神は、天の大空に二つの大きな発光体を置いた。大きな光に昼を支配させ、小さな光に夜を支配させた。これと同じように、天と呼ばれる普遍的な教会の大空にも、神は二つの大きな栄誉ある職位を制定した。大きいほうの位には昼にたとえられる魂をつかさどらせ、小さいほうに夜にたとえられる肉体をつかさどらせる。この二つの位とは教皇の権威と王の権力である。月はその光を太陽から受け、事実、量においても質においても、地位も効力も太陽に劣るものである。それと同じように王はその権力を教皇の権威から受け、教皇の権威に近づけば近づくほど、王の権力の光は薄れ、遠ざかれば遠ざかるほどその光は増すのである。「フィレンツェの執政官アチェルプスにあてた書簡」
――『カトリック教会文書資料集』（エンデルレ書店、一九七四年）

有名な「教皇は太陽、皇帝は月」宣言です。日付は、一一九八年一〇月三〇日です。即位が一月八日ですから、一年も経たないうちにこの調子です。

確かに皇帝オットー四世はなかなか即位が認められず、イノケンさんに振り回されます。教皇が気に入らない廷臣はイタリアから追放されるという有様です。オットーの最初の公式の肩書はローマ王ですから、これでは権威ゼロです。さらに「王として認めてやるから」と教皇による審査制を呑まされます。

てな感じで散々に手かせ足かせをはめられたうえで、ようやく苦節十年、皇帝になりました。皇帝は選帝侯と呼ばれる七人（のちに九人）の特権貴族の選挙で選ばれるのですが、「世襲しません」との公約が条件でした。もちろんイノケンさんの手回しです。片方で支持する姿勢を見せつつ、もう片方では自分のコントロールから離れないように楔を打ち込むのが、イノケンさんの手口です。

オットー四世は、対立皇帝のフィリップとの抗争に苦しめられていました。当然、イノケンさんは二股です。フィリップは怨恨がもとで暗殺されてしまいます。オットーとて皇帝にさえなれれば、イノケンさんの言うことを聞く気などありません。激怒したイノケンさんはオットー四世を破門し、対立皇帝に子飼いのフリードリヒ二世を擁立します。

イノケンさんの事績といえば、ほかに第四回十字軍で東ローマ帝国を粉砕、イベリア半島ではイスラム教徒を撃退、フランスのアルビジョア十字軍で異端認定したカタリ派を殲滅といった、カトリック的には華々しい、客観的に見れば単なる野蛮人の所業が挙げられます。フランス国王のフィリップは自身の結婚までイノケンさんの言いなりに、イングランド王のジョンに至っては破門された詫びに全領土を差し出して許してもらうという体たらくでした。

では、なぜここまでイノケンさんは強かったのでしょうか。一言で言えば、他人の弱みにつけ込む類いまれな政治力です。十字軍に踏みつぶされた東ローマ皇帝も、いいように蹴飛ばされた神聖ローマ皇帝も、あるいは仏英両国の国王にしても、常に内外に敵を抱えていました。そこにつけ込みました。しかも絶妙のタイミングで、教皇の権威を利用して軍隊を動員したのです。最強たる所以です。

そして、もう一つ。あらゆる人間の弱みを握ったからです。

イノケンさんがお亡くなりになる一二一五年。ラテラノ公会議が招集されます。イノケンさんはここで、全キリスト教徒に懺悔を義務化しました。もちろんすでにやっていたことの公式化です。懺悔とは、自分のしでかした悪事を告白することです。あらゆる人間の弱みが、ヨーロッパ中の神父を通じて教皇に集まります。強大なインテリジェンス能力です。はるか後世、ソ連のＫＧＢが真似しようとして結局できなかった情報収集システムです。

聖書に「汝、心の中でも姦淫するなかれ」との教えがあります。カトリックの教えでは、心のなかで思い浮かべたということは、実際に行動に移したのと同じことなのです。

現在でも、アメリカのジミー・カーター元大統領が、「実は私、美人を見てやらしいことを考えたことがあるんです」と告白して話題になりました。アメリカ人の反応は、「あの清廉潔白で敬虔なカーターさんが!!（驚）」です。

日本人からすると、「実際にやらしいことしたならともかく、思い浮かべただけでしょ？」ですが、西方キリスト教世界（カトリックとプロテスタント）では大問題とされるのです。東方正教会（ロシア正教とかギリシャ正教）は、そこまで強烈ではないですが。

話を当時に戻すと、イノケンさんが世界史的に重要なのは、ローマ帝国の分裂以来、初めて、西欧が東ローマ帝国に優越したことです。イノケンさんの発言を読むと、自分の治世で「東に勝ってやる」という意識でいたのは明らかです。すでに一一九九年には、長ったらしく聖書を引用しているけど、要点は「ワイのほうが偉いんやで」という書簡を、コンスタンティノープル総主教のヨハネスに送りつけています。そして、ラテラノ公会議でも「ローマの首位権の下にコンスタンティノープルがある」と断言しています。有無を言わせません。

イノケンさん以後、二度と東欧が西欧に勝ったことはなく現代に至っているという歴史は、我々日本人も知っておくべきでしょう。もちろん、それ以前は西欧が負けっぱなしだった歴史とともに。

ただし、当時の世界の中心はヨーロッパではありません。インノケンティウス三世の名を知らない日本人も、彼の名は知っているでしょう。

チンギス・ハーン。

当時のユーラシア大陸の大半を支配した、モンゴル帝国の建国者です。

第二章　神聖ローマ帝国

主な登場人物

ルドルフ一世（一二一八年〜一二九一年）　ハプスブルク家の「神君」。でも、やっていることは海部俊樹？

ルドルフ四世（一三三九年〜一三六五年）　世界史に残る公文書偽造をやらかした。

フリードリヒ三世（一四一五年〜一四九三年）　愚図でノロマだが、亀ではない。長生きだけが取り柄。

マクシミリアン一世（一四五九年〜一五一九年）　最後の騎士。右の人物の子供とは思えない。

マルチン・ルター（一四八三年〜一五四六年）　ドイツ史の爆弾。やっていることは、カルト宗教の教祖にして俗物。

カール五世（カルロス一世）（一五〇〇年〜一五五八年）　双頭の鷲の祖。内憂外患に悩まされた。

ティリー（一五五九年〜一六三二年）　カトリックの傭兵隊長。三十年戦争の老将。

フェルディナント二世（一五七八年〜一六三七年）　左の人物ほどではないが、傲岸。

ヴァレンシュタイン（一五八三年〜一六三四年）　銭ゲバの傭兵隊長。やっていることは戦争起業家。

グスタフ・アドルフ（一五九四年〜一六三二年）　スウェーデンを大国に押し上げた国王。名将。

リシュリュー（一五八五年〜一六四二年）　三十年戦争の黒幕。

概略図「三十年戦争の時代」

第一節「ハプスブルク家」——弱小貴族から成り上がる

通説

怒濤のごとくユーラシア大陸を平定していくモンゴル帝国。この強大な史上最大の帝国を相手に、ポーランドとドイツ騎士団は勇猛果敢に立ち向かい、ヨーロッパへの侵攻を食い止めます。一二四一年、ワールシュタットの戦いです。

モンゴルを相手に戦って祖国を防衛したのは、鎌倉幕府第八代執権北条時宗を擁した日本、マムルーク朝エジプト、ベトナム、そしてポーランドだけです。

これは通説というより社交辞令です。埃及《エジプト》・越南《ベトナム》・波蘭《ポーランド》と日本の友好国ばかりですし、ドイツ人の友達相手には、「ポーランド・ドイツ連合軍」としてあげてもいいでしょう。確かに日・埃・越の三国は勝ちましたが、「波」は……。

本当は、ワールシュタットの戦いのあとに、モンゴルはポーランド中を荒らしまわり、ウィーンを窺う勢いでしたが、ハーンが死んで後継者を決める会議が始まったので撤収していっただけです。ヨーロッパは命拾いしました。さらに、世界の辺境にあり、とりたてて掠奪するような生産物のないヨーロッパには、モンゴルが再び侵略する気を起こさなかったので、一度荒らされただけで助かったともいえます。

時のローマ教皇は、インノケンティウス四世。この田舎者根性炸裂のヨーロッパ人のやることは、トルコへの性懲りもない十字軍と皇帝フリードリヒ二世との飽くなき内ゲバです。この人物、どれくらい田舎者根性かというと、自分たちヨーロッパ人が束になってかかってもかなわないセルジューク・トルコ帝国がモンゴルに苦しめられていると聞くや欣喜雀躍。モンゴルを十字軍に認定しようとし、さらにカトリックに改宗させようと使節を送ったりしているのです。もちろん、モンゴルには相手にされません。

なお、フリードリヒ二世は「玉座に座った最初の近代人」と呼ばれる賢君ですが、詳しくは小著『誰も教えてくれない真実の世界史講義　古代編』（ＰＨＰ研究所、二〇一七年）に書いておいたので、どうぞ。フェデリコ二世はイタリアに愛着があったようで、彼について詳しく書くとドイツの話ではなくイタリア史になってしまいます。ちなみに、フリードリヒがドイツ読みで、フェデリコがイタリア読みです。別に、「嘘だらけシリーズ」に真面目なことを期待してはいけないということではありませんので、誤解なきよう。

なお、フェデリコが崩御した四年後の一二五四年、「神聖ローマ帝国」の名が公文書に初めて登場します。

神聖ローマ帝国といえば、ハプスブルク家。ハプスブルク家といえば、ヨーロッパの名門として知られています。約八百五十年間で四百年ほど皇帝の地位を独占したから、ヨーロッパ随一の名門とされます。ただし、我が国の皇室に比べると歴史は引き離されます。日本でいえば、足利将軍家レベルには名門です。

一一五六年、日本では第七十七代後白河天皇の御世、鳥羽法皇の崩御をきっかけに保元の乱が発生した年です。鳥羽法皇が死の間際に信頼できる五人の武士の一人として挙げたのが、足利義康です。義康は、前九年の役や後三年の役を鎮圧した武将として有名な源義家の孫です。その武勇を引き継いで故法皇の期待どおりに保元の乱で活躍した、足利家の祖です。

同じ一一五六年、ドイツ地方の南東部にオーストリア公領が創設されます。といっても、オーストリアをハプスブルク家が治め、歴史の表舞台に登場するのは、ルドルフ一世のときです。江戸幕府初代将軍の徳川家康は「神君」と言われましたが、ハプスブルク家にとってはルドルフ一世が「神君」として尊敬されています。

一二五六年から一二七三年まで、大空位時代と言われる混乱の時代が続きます。大空位といっても実際は、二人の皇帝が並立する状態でした。有力貴族たちが二派に分かれて争い、収拾がつかない状態だったのです。

そうしたなか、ドイツ地方の貴族たちが皇帝として推挙したのが、ルドルフ一世でした。大派閥が牽制し合っているので、トップを小派閥から出すというのは世の常です。当時のハプスブルク家は弱小貴族と目されていたので、大派閥の談合で「あいつなら危険はないだろう」と推されたのです。まるで四大派閥の領袖がリクルート事件で表舞台に立てないので第五派閥の番頭にすぎない海部俊樹が首相に擁立されたようなものですが、ルドルフはほかの派閥に小突き回され続けた海部のようなヤワな人間ではありません。ルドルフは神聖ローマ皇帝の座をハプスブルク家で独占しようと権謀術数の限りを尽くします。彼の生きざま、どっちかというと海部というよりは犬養毅のほうが近いのですが、派閥を持たずに政友会総裁から首相の座を奪い取った犬養の生きざまを説明すると百ページくらいかかるので、小著『学校では教えられない歴史講義　満洲事変』（ＫＫベストセラーズ、二〇一八年）をご参照あれ。

ルドルフの即位から一四三八年までの約百六十年間、帝位は諸家を移り動きます。ハプスブルク家もアルブレヒト一世（在位一二九八～一三〇八年）とフリードリヒ美王（在位一三一四～三〇年）の二人を輩出しますが、もっとも長い期間帝位を占めたのはルクセンブルク家です。

第二節 「ルクセンブルク家」――百年の栄光は永遠の輝き

ハインリヒ七世（在位一三〇八～一三一三年）、カール四世（在位一三四六～七八年）、ヴェンツェル（在位一三七六～一四〇〇年）、ヨープスト（在位一四一〇～一一年）、ジギスムント（在位一四一〇～三七年）の五人を輩出しています。ルクセンブルクといえばベルギーやオランダとまとめてベネルクスとされる小さな国で、日本人からしたら「なぜ、あんな小さいのに国を名乗っているのだろう」と思われるかもしれませんが、とんでもない。これだけの期間に神聖ローマ皇帝としてヨーロッパに君臨したというプライドがあるのです。歴史は国際社会で生き残るための武器であり、ルクセンブルクの場合は「百年の栄光」がまさにそれです。

そうこうしているうちに一三五六年、金印勅書が発せられました。ルクセンブルク家のカール四世の御世のことです。「金印勅書」というのは皇帝が発する重要な文書のことですが、単に「金印勅書」といえば、この文書を指します。それほど重要とされるのです。

そもそもローマ皇帝は、選挙によって決められました。実質的には世襲になっても、形式は残っています。皇帝（Emperor）とは「世襲大統領」のようなものです。「みんなから選ばれた皇帝」の建前は、西ローマ帝国の後継者の地位を引き継ぐ神聖ローマ皇帝にも引き継がれました。そこで疑問です。「みんなって誰だ?」ということです。

そこで一三五六年の金印勅書では、皇帝の選挙制度が法的に定められ、選帝侯の権利が大幅に認められました。マインツ大司教、ケルン大司教、トリーア大司教、ボヘミア王、プファルツ宮中伯、ザクセン公、ブランデンブルク辺境伯の七人です。彼らは七選挙侯と呼ばれました。皇帝を選挙する特権貴族です。選帝侯は十八世紀には九人に増え、滅び際の最後の三年だけ十二人に増えましたが、いずれにしても絶大な特権を独占し続けました。ついでに言うと彼らの領地は、皇帝に対して事実上の独立国のような立場にありました。

一応、取り決めでは多数決になっていましたが、実際は全会一致で運用していました。一人でも皇帝即位に反対する選帝侯がいたら紛争のモトなので、彼ら特権貴族が合意できる人物が皇帝になれるのです。このあたりも室町幕府の運営と似ているかもしれません。室町幕府の将軍は足利家から選ばれますが、宿老と呼ばれる有力な七人くらいの重臣の総意で決められていました。

ちなみに日本国憲法の教科書には「選挙権は人権である」という愚かな言説が書かれているのですが、憲法学者を自称する諸君は選挙権とは何たるかの歴史を知らないのでしょう。人権とは「人であれば誰でも持っている権利」です。その反対語は「特権」で、「特定の人だけが持っている権利」です。選挙権などは、特権中の特権なのです。日本国憲法第九十七条は基本的人権を「人類の多年にわたる自由獲得の努力の成果」としていますが、では涙ぐましい限りのヨーロッパ人の選挙権獲得のための努力を知っているのか。何せ、フランス国王やイギリス国王だって、神聖ローマ皇帝どころか、選帝侯にすらなれなかったのですから。

さて、この金印勅書に怒り狂った人物がいます。時のハプスブルク家の当主、ルドルフ四世です。この時点ですでに三人の皇帝を輩出しているハプスブルク家の当主である自分が選帝侯になれないとは何事かと怒り、暴挙に出ます。

一三五九年、ルドルフ四世は公文書を偽造し、勝手に大公冠を作製し、「オーストリア大公」を名乗ります。「教会には司教の上に大司教がいるのだから、公爵の上に大公爵がいてもおかしくない。私にふさわしい地位は大公だ」などと訳のわからないことを言い出したのです。

ルドルフは、舅のカール四世に求められるや、自信満々に「歴代皇帝から認められている」と合計七通の文書を提出します。鑑定の結果、一瞬でウソがばれました。紙がシーザーとネロの時代のものだったのです。ただ、カール四世がこの弱冠二十歳の婿殿を庇ったので、公文書偽造の件はうやむやになりました。

ついでに先取りして言うと、神聖ローマ皇帝の座を独占したハプスブルク家は、この偽造文書を百年後に本物と認定してしまいます。この偽造文書には「大特許状」という名前がついていました。

ルクセンブルク家が皇帝を輩出していた時代の特筆すべき事項は、一四一〇年のタンネンベルクの戦いです。ドイツ騎士団がポーランドに敗れました。といっても、現在のポーランドの北東の果てでの出来事です。この地名は第一次大戦で出てきますので、そのときまで忘れてください。

第三節　「ドイツ国民の神聖ローマ帝国」——ドイツ地方限定の帝国

一四三八年、日本でいえば第百二代後花園天皇の御世、室町幕府六代将軍足利義教の治世です。アルブレヒト二世が神聖ローマ皇帝として戴冠します。以後、帝国の崩壊までのほとんどの期間、帝冠はハプスブルク家が独占することになります。

すでに東方からはオスマン・トルコ帝国の脅威が迫り、バルカン半島が席巻されていました。西欧に強大な彼らが襲いかかってきたら、モンゴル帝国の悪夢の再来です。選帝侯たちはルクセンブルク家が当てにならないと見做し、ドイツ南東部に所領を持ち、トルコに近いハプスブルクを盾にしようとしたのです。ちなみにハプスブルクとは「鷹の城」を意味します。名前だけは、なんとなく強そうです。

一四四〇年、アルブレヒトの従兄弟の子のフリードリヒ三世が帝位に就きました。この人物、菊池先生の筆致があまりにも名文なので、そのまま引用したいと思います。

「神聖ローマ帝国の大愚図」とはこのフリードリヒ三世につけられたあだ名である。しかしこれは彼の死後に作られた蔑称である。生前の彼に雨霰《あめあられ》と浴びせられた罵倒はこんな生易しいものではなかった。ともかく評判が悪かった。ハプスブルク家歴代の君主のなかでこれほど不評を買った人物も珍しい。それが彼の魅力にすらなっている。

しかしだからといって間違ってはいけない。ここには逆説は一切ない。昼行灯フリード

リヒ、実は将来を見越した名君であった、ということは絶対にない。やはり愚図でのろまであった。おまけに陰険なのだから始末に負えない。それゆえ凶暴なエネルギーが充満する悪の魅力、ピカレスク・ロマンも期待してはいけない。彼は徹頭徹尾、冴えない皇帝であり続けた。――菊池良生『神聖ローマ帝国』（講談社現代新書、二〇〇三年）一八〇～一八一頁

さすがに「愚図でのろま」で止めて「亀」とまでは書かない抑制的な姿勢が、名文を際立たせます。『スチュワーデス物語』という日本の古典を踏まえた名文です。この名文は後世の文学者に「堀ちえみ主演の大映ドラマと原作はまったく別の話で、この文章はテレビ版を踏まえているのだ」などと論評されるのでしょう。

フリードリヒ三世なる人物、確かに愚図でした。

一四五三年、もはや首都コンスタンティノープルを残すのみとなっていたビザンチン帝国（東ローマ帝国）が、オスマン・トルコ帝国に滅ぼされました。ヨーロッパ中が驚愕した事態です。ところが、神聖ローマ皇帝（西ローマ皇帝）のフリードリヒ三世だけは、「東がやられたら、次は西の自分の番だ」という簡単な理屈がわからないのです。仕方な

くハンガリー王が先陣切って戦う羽目になりましたが、ヨーロッパ中が束になってかかっても蹴散らされるばかりです。皇帝本人も一時はウィーンを逃げ出し、スルタン（＝オスマン帝国の皇帝）に忠誠を誓って許してもらう有様です。

ちなみに、かの偽文書「大特許状」を本物と認定し公文書にしたのも、こいつです。フリードリヒ三世は長生きだけが取り柄の男でしたが、息子は優秀でした。マクシミリアン一世、生涯で二十七回の戦争を行った「最後の騎士」と言われる皇帝です。回数は、岩崎周一『ハプスブルク帝国』（講談社現代新書、二〇一七年）を参照。岩崎さんという若い研究者が数えていましたが、真面目なことです。

マクシミリアン一世さん、戦争は勝ったり負けたりですが、もっと特異なのが婚姻でした。もはや出典がどこかわからないくらい言い古された言葉に「戦いはほかのものに任せよ、汝幸いなるオーストリアよ、結婚せよ」というのがありますが、確かにマクシミリアン一世の治世だけで領土を大幅に拡大しています。結婚により得たもの、ブルゴーニュ、スペイン、ネーデルラント（今のオランダとベルギー）、ハンガリー、ボヘミア（チェコ）です。ついでに、スペインとポルトガルは婚姻で同君連合という同じ王様を戴く国になります。この両国はアメリカ大陸とアフリカ大陸に広大な植民地を持ち、莫大な資産を搾取していますから、ハプスブルク家は一気に「日の沈まない国」となりました。

　こう考えると、「何かのまちがいで室町幕府を開いてしまった藤原摂関家」と言ったほうが正確かもしれません。摂関家も婚姻で勢力を伸ばしましたし。

　一五一二年、マクシミリアン一世は、帝国の正式名称を「ドイツ国民の神聖ローマ帝国」とします。

　十八世紀のフランスの哲学者ヴォルテールは「神聖でも、ローマでも、帝国でもない」と評しました。神聖かどうかは主観ですが、あとの二つはかなり正確です。

　フェデリコ二世などは「ローマ人」としてのこだわりがありました。また、「ローマ」の名を冠する皇帝なのだからと、イタリアに軍事侵攻した皇帝も何人かいます。しかし、このころになると、帝国の版図はドイツ地方に限定されていました。マクシミリアン一世は、ローマで戴冠しなかった最初の皇帝になります。

　では、そのドイツ地方限定の帝国に皇帝の影響力が及ぶかというと、七人の選帝侯はまったく聞き分けがありません。約三百人もの貴族がそれぞれ「公」「伯」「大司教」などを名乗って徴税権を持っていました。ちょうど、江戸時代の日本の大名が三百諸侯と言われますから、将軍の下で大名が自分の領地を持っていたように、皇帝の帝国内に国王がわんさと存在したと思ってください。

　狭い土地にそれだけの国があるのですから、半日でいくつもの国を歩けたそうです。菊池良生『ドイツ三〇〇諸侯　一千年の興亡』（河出書房新社、二〇一七年）によると、なかには「住人十二人、ユダヤ人一人」という国もあったとか。今でもリヒテンシュタインという国の面積は、東京都八王子市よりも狭いくらいです。

　国名に「ドイツ国民の」とつきますが、そもそもドイツは国として成立していないのです。どちらかといえば、民族の名前です。国民と民族の違いを少しだけ解説すると、国民は国家に属する民です。現在の日本国でいうと、日本国民の大半は日本《ヤマト》民族ですが少数ながらほかの民族の日本国民もいます。例えば日本国籍を取得した在日コリアンは日本国民ですが、朝鮮民族です。民族は、国籍とは関係ありません。

　この時代のドイツでいえば、オーストリアのハプスブルク家やバイエルンのヴィッテルスバッハ家、ザクセンのヴェッティン家の人々はドイツ語を母語とするドイツ民族です。しかし、彼らに「ドイツ国民」としてのまとまりなどはありません。さらにハプスブルク家は「ドイツ国民の神聖ローマ帝国」の域外にも領土を持っています。

　非常にややこしいので、詳しくは小著『世界の歴史はウソばかり　倉山満の国民国家論』（ビジネス社、二〇一八年）で解説しておきました。

第四節 「宗教改革」――カトリックとプロテスタント三派によるつぶしあい

マクシミリアン一世の晩年に発生した宗教改革は燎原の火のごとくヨーロッパ中に広がり、孫のカール五世は苦しめられることとなります。

事の発端は、ローマ教会の腐敗です。度重なる十字軍の失敗にも懲りず、バチカンは権力闘争に明け暮れ、一方であらゆる手段で暴利を貪り、高僧たちは豪奢な生活をしていました。とくに贖宥状と言って、「天国に行ける権利」を売り出していることに、「なんでアンタが勝手に天国に行けるか決めるんや？　それができるんは神様だけやろ？」という批判が噴出し始めていました。

最初に声を上げたのは、イングランドのオックスフォード大学教授だったジョン・ウィクリフです。一三七六年のことです。欧州の辺境、ブリテン島で火の手が上がった批判は大陸に飛び火します。皇帝のお膝元のプラハ大学学長だったヤン・フスが、ウィクリフの思想を布教し始めます。一四〇二年、フスは大学にいられなくなります。しかし、フス派の勢力は広がるばかりです。

これを案じたバチカンは奸計を仕掛けます。一四一四年、コンスタンツ公会議と呼ばれる集まりが開かれていたときですが、フスに「公開討論をしよう」と呼びかけます。応じなかったら卑怯者のレッテル貼りをする気満々です。

フスは、スイスに近いドイツ南部の町コンスタンツに着いたところで地下牢に入れられ、一方的な審問を受けます。鎖につながれ、わずかな食事しか与えられず公開裁判にかけられました。一方的な自己批判の要求と人格攻撃を受け、判決の後に服をはぎ取られ小突き回され、生きたまま火あぶりにされました。

フス火あぶり事件の顛末を初めて知ったときの私の感想です。

なんだ、今の日本の学界と同じじゃないか!

もちろん、物理的な暴力はありませんが、その代わりに人生をつぶします。時々、勘違いした政治家が「日本の大学改革」とか言い出すのですが、何をどうする気で、どうなったら改革なのでしょうか。そんなものは、一億パーセント不可能です。学会にもよりますし、個人差はありますが、日本の学界の体質などフスをだまし討ちにした時代のバチカンと変わりません。これは文系理系は、関係ありません。

一四一九年、こうしたバチカンの姿勢に怒ったフス派は武装蜂起して対抗します。フス戦争です。教皇と皇帝は対フス派十字軍を何度も派遣しますが連戦連敗、一四三六年には妥協しました。もっとも、フス派は内ゲバで疲弊していたというのもありましたが。

なお、フスは今でもチェコの英雄です。

こうした反カトリックの流れがあって、皇帝のお膝元のドイツにもバチカン批判の波が押し寄せます。

一五一七年、ザクセンのマルチン・ルターが九十五か条の論難を行い、宗教改革が始まります。ルター曰く、「天国に行く人間と地獄に行く人間は天地開闢のときより神様により定められているはずだ。ローマ教皇が決めることはできないはずであるし、贖宥状など下世話な金もうけの道具にすぎない」と糾弾したのです。

一五一九年には、スイスでフルドリッヒ・ツヴィングリも宗教改革を始めました。神の自然法と国家の実定法の調和を説いた、などと言われると難しすぎますが、要は「神の意志に背いた場合、住民が国王を追放する」という革命思想を拡散し始めたのです。ルターはヨーロッパ中のカトリックからつけ狙われますが、ツヴィングリはそのルターを軟弱者呼ばわりするような過激な主張を展開したのです。

教皇と皇帝は宗教改革粉砕で一致し、一五二一年のヴォルムス勅令でルターを帝国から追放します。しかし、ザクセン公がルターのスポンサーとなり、身の安全を保証します。教皇と皇帝に反旗を翻したのです。カトリックに対抗するルターらは、プロテスタント（抗議する者）と呼ばれるようになっていました。ルター派は帝国の外にも広がります。今でもドイツ北部だけでなく、北欧のデンマーク、スウェーデン、ノルウェー、フィンランドはルター派の国です。

ルター派がカトリック及び東方正教に対する第三勢力にのし上がったのは秘訣があります。ルターは過激な宗教原理主義を唱えつつも、世俗との妥協を心得ていたからです。

一五二四年から翌年にかけて、ルター派の農民が決起しました。ドイツ農民戦争です。このときのルターの言葉です。


愛する諸侯よ、ここで解放し、ここで救い、ここで助けなさい。領民に憐れみをたれなさい。なし得るものは誰でも刺し殺し、打ち殺し、絞め殺しなさい。——前掲『物語　ドイツの歴史』一一一頁可哀そうだから殺して天国に送ってあげなさいという宗教原理主義と、自分のスポンサーに逆らうやつは狂犬と同じだから容赦なく殺しなさいという俗物根性。いずれにしても自分が気に入らないから殺しなさいという結論は同じなのですが、ルターの狂気に比べれば麻原彰晃など子供の遊びです。あの時代にサリンがあれば、まちがいなく両陣営とも使ったでしょう。

ついでに言うと、ドイツ農民戦争の指導者、トーマス・ミュンツァーがルターに公開討論を申し込みますが、無視です。負ける可能性が少しでもある戦いはしないのが、ルターの流儀です。ミュンツァー、生真面目な性格で最初はルターの仲間だったのですが、切り捨てたわけです。

一方、ツヴィングリはルターとの同盟を拒み、スイスで飽くなき内戦を続け、あまりの非妥協的な姿勢に仲間がどんどん離れ、遂には戦死します。ツヴィングリ派を吸収したのが、ジャン・カルヴァンです。

カルヴァンは一五三六年に行動を開始し、故郷のフランスに居られなくなるやスイスに行ってツヴィングリ派の残党と合流し、カトリックとルター派を同時に攻撃し始めます。

といっても、ツヴィングリ派残党の最過激派である再洗礼派とは組まないくらいの政治センスがあるから、カルヴァンも生き残れるのですが。

ちなみに現代の代表的なカルヴァン派の国は、スイス、オランダ、アメリカです。ルター派、ツヴィングリ派、カルヴァン派のプロテスタント三派は、お互いにつぶしあいをしながら、カトリックの地盤を侵食していきます。

一五五五年、アウクスブルクの和議が結ばれます。「カトリックとルター派はその信仰により暴力を振るわれない」という内容です。そこにツヴィングリ派とカルヴァン派は含まれません。ツヴィングリ派の撲滅とカルヴァン派の排斥が妥協の目的なのですから、当然です。

この和議により、「領主の選ぶ宗教がその土地の宗教」という原則が生まれます。領主がプロテスタントを信仰すれば、バチカンの統制に服さないということです。神聖ローマ帝国で言うと、南のオーストリアやバイエルンはカトリック、北のザクセンはルター派という、ある種の棲み分けができました。

第五節　「オスマン帝国」――真の〝皇帝〟スレイマン大帝

神聖ローマ帝国の悩みの種は、宗教問題だけではありません。一つはフランス問題です。ハプスブルク家は婚姻により一四七七年にブルゴーニュを併呑していましたから、フランスの恨みを買っていました。この一件以降、ハプスブルク家とフランス王家は三百年近く抗争することになります。

一五一九年、ハプスブルク家中興の祖とも言うべきマクシミリアン一世が崩御しました。時の教皇レオ十世は、フランス王フランソワ一世の皇帝選挙への出馬を促します。しかし七人の選帝侯は満場一致でスペイン・ハプスブルク家のカルロス一世を選びます。フランソワは大恥をかきました。

ちなみにレオ十世はルター派の脅威に対抗するため、すぐに皇帝と妥協します。実に節操がない……じゃなかった、現実的な人物です。

マクシミリアン一世の孫のカルロスは、神聖ローマ皇帝カール五世として即位します。フランスは東の神聖ローマ帝国と西のスペイン帝国に挟まれる格好になります。この形は神聖ローマ皇帝の紋章にちなみ、「双頭の鷲」と呼ばれます。フランスからみれば、三百年間も東西の脅威にさらされることとなります。

皇帝のもう一つの悩みの種は、トルコ問題です。そもそもハプスブルク家が再び帝位に推挙されたのは、オスマン・トルコ帝国の脅威への対抗からです。

一五二九年、悪夢が訪れました。オスマン帝国のスレイマン大帝が、十五万の大軍を率いてウィーンに迫ります。世に言う、第一次ウィーン包囲作戦です。カール五世は自らも勇敢に戦い、全ヨーロッパに救援を求めます。フランス以外の近隣諸国を味方につけ、また当時は軍事要塞機能が万全だったウィーンの防備にも助けられ、なんとか本拠地防衛に成功しました。というより、スレイマンが一か月で攻撃をやめただけとも言えますが。

学校の世界史の授業では、「一五二九年、第一次ウィーン包囲作戦。オスマン・トルコ帝国のスレイマン大帝、神聖ローマ帝国の首都ウィーンを包囲」とだけ丸暗記させられます。これだと、まるで元寇でモンゴルを撃退した鎌倉幕府のように思えてきますが、全然違います。第一次ウィーン包囲作戦でウィーンこそ陥落しませんでしたが、ハンガリーの大半がオスマン帝国に奪われ、神聖ローマ帝国の実効支配から離れます。

一五三八年のプレヴェザの海戦では、スペイン&教皇&その他大勢連合軍がオスマン帝国に大敗してしまいます。世界に進出しているスペイン艦隊も形なしです。地中海は「オスマンの海」になったのです。

一五四七年、神聖ローマ帝国はオスマン帝国に貢納金を払うことで和議を結びます。カール五世は、貢納金とは認めず「贈り物」と言い張ったようですが、スレイマンは自分を「父」「真の皇帝《カエサル》」と書いてよこす有様です（前掲『ハプスブルク帝国』）。力関係は明らかでした。

生涯に戦うこと四十回、外征では勝ったり負けたりを繰り返したカール五世ですが、帝国内では連戦連勝でした。ところが、好事魔多し。いろんな先生が本能寺の変の織田信長にたとえるのが、一五五二年のインスブルックの夜襲事件です。カール五世の度重なるルター派弾圧に業を煮やしたザクセン公モーリッツが謀反を起こしたのです。不意の襲撃にカール五世は命からがら逃げます。これまたいろんな先生が指摘していますが、ザクセン公モーリッツは、少しあとの時代の明智光秀のような主殺しになるつもりはありませんでした。独裁的行動を強める皇帝を牽制できればよかったのです。この事件は、江村洋『ハプスブルク家』（講談社現代新書、一九九〇年）を参照しました。江村先生、基本的には重厚な文章なのですが、なぜかここだけ軽快なのが印象的です。

その後のカール五世は精彩を欠きます。痛風にも悩まされていたようですし。

一五五六年、すべての肩書を捨てて退位します。以後、晩年はおとなしく隠居生活を送っていました。

カール五世のすべての肩書を述べると、十五行になったのでやめます。王国の名前だけで二十七もあります。ちなみに、我が国で一番肩書が長い徳川慶喜の場合でも一行ですみます。

正二位権大納言征夷大将軍源氏長者奨学淳和両院別当右近衛大将右馬寮御監。

大河ドラマではナレーターの大原麗子が「長いねえ」と読んでいましたが。

カール五世の隠居後、双頭の鷲は分割相続されます。神聖ローマ皇帝はフェルディナント一世に、スペイン国王はフェリペ二世に。羽振りがいいのは分家のスペインですが、本家はオーストリア・ハプスブルク家です。ちなみに本書では面倒くさいので「皇帝」と表記してきましたが、ドイツ王と神聖ローマ皇帝は別物です。ハプスブルク家当主がドイツ王になり神聖ローマ皇帝に選出されるのが慣例と化していきますが、一応は別物です。足利家や徳川家の当主が将軍になるけれども、一応は別物、というのと同じです。ちなみに右に挙げた慶喜の肩書で言うと、室町の足利義満から江戸時代にかけては、「征夷大将軍」「源氏長者」「奨学淳和両院別当」「右近衛大将」は足利家or徳川家の当主がすべて兼任するのが慣例でしたが、それぞれ別物です。

かくして双頭の鷲は分離しました。ただ、本家と分家は基本的に仲が良いです。スペインは世界中の植民地から搾取した黄金を惜しみなく皇帝選挙でバラマキ、本家を必ず当選させていました。

第六節　「三十年戦争」――最後の宗教戦争

一五七一年のレパントの海戦で、教皇&スペイン&その他大勢の連合軍は、オスマン帝国を破ります。スペイン国王フェリペ二世の絶頂です。しかし、レパントははっきり言ってまぐれ勝ちで、日本の世界史教科書に特筆大書するような話ではありません。さすがにどの世界史の教科書にも、プレヴェザの海戦は載っていますし、その後の地中海の制海権は相変わらずオスマン艦隊が握っていたと解説されます。まだまだヨーロッパが束になってかかってもオスマン・トルコ一国にかなわないのです。「無敵艦隊」だの「日の沈まない国」だのと威張っても、この程度です。

ちなみにフィリピンの名前の由来はフェリペ二世です。哀れ、スペイン人に征服されてしまったのです。

ところで、プレヴェザとレパントは知っていても、アルカセル・キビルを知らない人は多いでしょう。一五七八年、モロッコのアルカセル・キビルの戦いで、ポルトガルはオスマンに完敗しました。ポルトガルといえば、スペインとともに大航海時代を代表する二大帝国ということになっていますが、このザマです。ちなみに、この戦いをきっかけにフェリペ二世は、婚姻によりポルトガルと同君連合を組みます。

ヨーロッパにおけるハプスブルク家の栄華は絶頂を極めました。しかし、反発も強くなります。フランスの抵抗は相変わらずです。あまつさえ、異教徒のオスマン・トルコに忠誠を誓ってでも「双頭の鷲」につぶされまいと戦い続けます。スペイン領ネーデルラント（オランダのこと）は独立戦争を挑んできます。スイスも事実上の独立国として振る舞います。スイスもオランダもカルヴァン派の国なのに気づかれたでしょうか。フランスも当時はカルヴァン派の勢力が強大です。スペインは魔女狩り（正式には異端審問という）の本場ですし、オーストリア・ハプスブルク家はカトリックを守護するという大義名分で神聖ローマ皇帝に就いています。そうしたハプスブルク家の軛への反発が、あちこちで噴出しているのです。相も変わらず、ヨーロッパ人の主要争点《メインイシュー》は宗教問題です。

オーストリア・ハプスブルク家は、婚姻は得意だけれども戦争はあまり得意ではありません。なにせ二度もスイス遠征に失敗しています。八方を大国に囲まれた小国スイスが永世中立（意味は誰にも媚びない国）になれたのは、ひとえにハプスブルク家の戦争下手の賜物です。

とはいうものの、ハプスブルクもゲルマン人の端くれです。古代ゲルマン民族の法では、「人を殺して、その遺体を臆病にも隠蔽したものだけが殺人者の汚名を着る」。遺体を公然と晒し復讐に備える者は傷害致死、強盗は被害者の前に顔をさらすので、窃盗よりも罪が軽い、だそうですから（前掲『ドイツ三〇〇諸侯　一千年の興亡』）。

それ、法か？　と日本人の感覚で言っても仕方ありません。一六〇八年、カルヴァン派が同盟（ウニオン）を結成すれば、翌年にカトリックは連盟（リーガ）で対抗する。ルター派の三勢力がにらみ合うという不穏な空気が帝国に漂います。

そして、一六一八年五月二十三日。プラハ窓外放擲事件を合図に、ヨーロッパ史上最大にして最後の宗教戦争となる、三十年戦争が勃発します。

プラハ窓外放擲事件とは、時の皇帝フェルディナント二世（正式にはボヘミア国王として行った）の圧政に耐えかねたカルヴァン派の民衆が、皇帝の代官をプラハ城の窓から放り投げた事件です。ちなみにフス戦争でも似たようなことがあったので、区別するために第二次プラハ窓外放擲事件と呼ばれることもあります。名前のとおりデッドリードライブなのですが、二人の代官は地面に大量の草が積み上げられていたので、奇跡的に助かりました。助かったカトリックは「奇跡だ！」と感激もひとしお、プロテスタントは「偶然だよ」と負け惜しみです。こんなところでも宗教の違いが表れています。不思議なのは、カルヴァン派の教えでは「天地開闢のときから人間界で起きることは神様によって予め定められている」はずですが、どうなのでしょう。

ついでに言うと、カルヴァン派の蜂起にルター派は冷淡でした。しばしば三十年戦争はカトリックとプロテスタントの抗争と語られるのですが、真相はもっと複雑なのです。

さて、一六一八年に始まり一六四八年に終わるから三十年戦争なのですが、その間一日も休まずに戦っていたわけではありません。概ね、四つの時期に四つの戦争が行われたとされます。

第一期　一六一八〜二二年、ベーメン（ボヘミア）・プファルツ戦争。
第二期　一六二五〜二九年、デンマーク戦争。

第三期　一六三〇～三五年、スウェーデン戦争。

第四期　一六三五～四八年、フランス・スウェーデン戦争。

この分け方はあくまで概ねで、解釈は人により違います。なにせ、西はスペインから東はポーランドまで、当時のヨーロッパのすべての国が参加して戦われた大動乱です。

ちなみに当時、ロシアはヨーロッパではありませんし、そもそもロシアなんて名前の国はありません。『嘘だらけの日露近現代史』（扶桑社、二〇一五年）で復習しておいてください。

戦場のど真ん中にあるドイツ地方では、国土の三分の二が灰燼に帰し、人口の四分の一が死亡したと言われます。この数字、諸説あってよくわかりませんが。

三十年戦争が悲惨なのは、戦闘そのものよりも掠奪です。この時代の兵士は王様が金で雇った傭兵ですから、忠誠心などはゼロ。命を懸けて戦うなど考えもせず、戦利品目当てにやってきた盗賊もどきの連中です。むしろ掠奪が楽しみなのです。金品や食料を奪うのは当然、女と見れば人妻だろうが処女だろうが（というか、そちらのほうが好み？）犯して歩くという有様です。

また、訳のわからない拷問も繰り広げられます。一つだけ例を挙げると、ヤギに足の裏を舐めさせて殺す、という拷問がありました。やっている側が嗜虐的な快楽に浸りたいがためだけの拷問です。

さて、第一期のベーメン（ボヘミア）・プファルツ戦争は、ハプスブルク家率いるカトリック陣営が優勢のうちに進みました。ベーメンとは今のチェコ、プファルツとは今のドイツの南西部です。一六二〇年の白山の戦いでは皇帝の傭兵隊長ティリーがプロテスタント軍を撃破し、カトリックがプラハを制圧します。プファルツも占領しました。

ここで終わっていれば、皇帝の完勝でした。しかし、フェルディナント二世はプファルツ選帝侯が亡命したあと、その地位を論功行賞で同じカトリックのバイエルン選帝侯に与えたことで、ヨーロッパ中に反感が広がります。プロテスタントはもちろん、同じカトリックの貴族たちとて皇帝の権力が強まるのを嫌がったのです。

勢いに乗り、スペイン・ハプスブルク軍はオランダに侵攻します。しかし、ヨーロッパ屈指の海軍を率いるオランダは抵抗し、一進一退の攻防を繰り返します。

ちなみにプロテスタント同士も一枚岩ではなく、遠い南半球のインドネシアではオランダがイングランドを襲い、アジア貿易から撤退させています。江戸幕府は「最近、イングランドさん来ないねえ」と訝かっていましたが、実は三十年戦争の影響なのです。

第七節　「リシュリュー枢機卿」――反ハプスブルク同盟

黒幕が動きます。それが誰かは、『嘘だらけの日仏近現代史』で予習している賢明な読者諸氏は覚えていらっしゃるでしょう。フランスのリシュリュー枢機卿です。

宰相の地位に昇りつめたリシュリューはフランスの国益を第一に考え、宿敵ハプスブルク家の勢力が伸張するのを警戒します。

そして一六二五年、ハーグ同盟を結成します。フランス、オランダ、デンマーク、スウェーデン、イングランドの反ハプスブルク同盟です。カトリックのフランスが黒幕となって、ルター派とカルヴァン派の大同団結を図り、カトリックと殺しあいをさせようとする。あくどいにも程がありますが、そこは『三銃士』に登場する悪役にして極悪非道の宰相と言われた男。フランスの国益のためなら気にしません。

リシュリューは「金はいくらでも出す」と参戦を呼びかけます。自分は金だけ出して血を流さないリシュリューの掛け声に、誰が動くか。すでにスペインと慢性的交戦状態に入っているオランダはともかく、スウェーデンとイングランドは「お前がやれよ」と冷たい視線です。ところがデンマークのクリスチャン四世という気のいい王様が躍り出ました。

第二期デンマーク戦争の開始です。デンマークはドイツ北部のニーダーザクセンになだれ込みます。スウェーデンも介入して、カトリックのポーランドに侵攻します。

ここで皇帝軍に、伝説の傭兵隊長が現れました。アルブレヒト・フォン・ヴァレンシュタインです。ヴァレンシュタインはボヘミア貴族で四万の傭兵を養っていましたが、五万の兵の提供を申し出て、皇帝軍総司令官に就任します。その資金源は、ボヘミアのユダヤ人金融資本家ヤーコプ・バッセヴィ・フォン・トロイエンブルクやオランダの銀行家ハンス・デ・ヴィッテの資金調達力でした。ヴァレンシュタインは皇帝の名で十五万の軍を編制します（菊池良生『傭兵の二千年史』講談社現代新書、二〇〇二年）。

形式は皇帝軍、実態はヴァレンシュタインの私兵どもは、後世の常備軍と同じような軍備を整えていました。ヴァレンシュタインの強みは武器の供給です。傭兵は自前で武器を戦場に持ってくるのが常ですが、ヴァレンシュタインは組織的に供給するのですから、それは強いはずです。さらに皇帝から戦地徴税権を得て自分の名前で徴収し、大半を懐に入れていました。

ティリーに加えヴァレンシュタインが参加し、クリスチャン四世らのプロテスタント連合軍を次々に撃破し、デンマークの首都コペンハーゲンに攻めかからんばかりの勢いとなりました。プロテスタントの傭兵で名将とうたわれたエルンスト・フォン・マンスフェルト総司令官も病死します。

なお、腰が定まらないのはイングランドです。リシュリューの呼びかけに応じたかと思えば、宮廷の政変で反仏派が勢力を握るやフランスに攻めかかる始末です。しかも、自ら陣頭指揮に立ったリシュリューにラ・ロシェルの戦いで返り討ちに遭いました。リシュリューは自分がプロテスタント反ハプスブルク同盟の黒幕であることを隠して、スペインをイギリス叩きの同盟に引きずり込むような悪辣さです。叩きのめされたイングランドは三十年戦争から手を引かざるを得ず、やがてイギリス革命の動乱で、同じプロテスタントの国王を支持する国教会とカルヴァン派のクロムウェルが血で血を洗う抗争を繰り広げることになります。

第二期デンマーク戦争は、打ちひしがれたクリスチャン四世の事実上の降伏で終了しました。

皇帝の権威は絶頂に達します。フェルディナント二世は調子に乗り、カトリックのバイエルン選帝侯にたしなめられるほどです。しかし、その上をいったのがヴァレンシュタインです。皇帝からしても、十五万の私兵を抱えるヴァレンシュタインは危険人物です。また、傲慢な態度が目につくようになりました。そもそも、なぜ徴税がヴァレンシュタインの名前でなされるのか。

皇帝と帝国諸侯の思惑が一致し、ヴァレンシュタインは罷免されました。

これを見逃すリシュリューではありません。スウェーデン国王グスタフ・アドルフをけしかけ、ポーランドではなく帝国領に攻め込むよう誘導します。リシュリューは多額の資金援助を申し出ます。ここでも「金は出すが血は流さない」です。

一六三〇年、スウェーデン戦争が開始されます。グスタフ・アドルフはスウェーデンの人口は百万人なのに、十三万を兵に駆り出しました。足りない兵力は外国人傭兵で補います。スウェーデンはこういう軍隊なので、国王自らが最前線に立って号令をかけて戦うのが伝統となります。

グスタフ・アドルフは戦史に残る名将として知られ、歩兵・騎兵・砲兵を統合した三兵戦術の完成者として、今でも世界中の軍人が習います。それまでは攻城用だった大砲を小型化して移動式にし、騎兵も銃を数発撃って下がるだけの戦い方をやめて抜刀突撃で敵陣を切り崩す用兵に作り変えました。砲兵が敵陣を崩し、騎兵が突撃し、歩兵が占領するのが勝ちパターン（軍事用語で戦闘教義《バトルドクトリン》と言う）です。グスタフ・アドルフは騎兵の先頭に立つのが常でした。

グスタフ・アドルフの参戦で、プロテスタント軍は連戦連勝です。一六三二年のレヒ川の戦いでは、名将ティリーまでが敗れて戦傷死します。

ここに皇帝フェルディナント二世はヴァレンシュタインを呼び戻さざるをえなくなりました。

一六三二年十一月十六日、グスタフ・アドルフとヴァレンシュタインがリュッツェンの戦いで激突します。新教軍一万六千と旧教軍二万六千。双方ともに横長の陣を敷きました。リュッツェンはライプツィヒ南西の町です。

午前十一時に霧が晴れてから夜の六時まで、絶え間なく砲弾が飛び交い、双方の騎兵が何度も突撃し、新教軍の歩兵が旧教軍の大砲を奪っては取り返されるという大激戦です。最後は新教軍の猛攻の前にさしものヴァレンシュタインも支えきれず、全軍撤退を命じざるを得ませんでした。すべての大砲が奪われるという完敗です。

しかし、新教軍も取り返しのつかない犠牲を払いました。午前の乱戦の中でグスタフ・アドルフが戦死したのです。その後は傭兵隊長ベルンハルト・フォン・ザクセン＝ヴァイマールが指揮を引き継いで戦ったのであり、国王戦死の報に動揺する兵をまとめあげました。兵たちはベルンハルトに指揮権が委譲されたことを知って、かえって敵討ちを心に誓って猛攻を加えたのです。

やがてグスタフ・アドルフ戦死の報は皇帝側にも伝わり、ヴァレンシュタインの敗戦は帳消しになります。

戦局は硬直化します。そしてヴァレンシュタインが調子に乗り始めます。今度は、スウェーデンと勝手に、しかも秘密裏に和平交渉を始めました。ヴァレンシュタインはスウェーデンとの交渉が不調に終わるや、フランスとも交渉を開始します。いずれも条件は「寝返り」です。

これが露見して、一六三四年二月二十五日、皇帝フェルディナント二世の刺客によってヴァレンシュタインは暗殺されてしまいます。当然でしょう。

これはなんの証拠もないので、あくまで定跡に基づいた推理としてお聞きください。私がリシュリューなら、ヴァレンシュタインの背信を皇帝に伝えます。そして皇帝にヴァレンシュタインを殺させます。そして、これは研究者の常識ですが、リシュリューはスパイを駆使した情報戦の達人でした。歴史学者は学術論文では「リシュリューが情報を漏らして皇帝にヴァレンシュタインを殺させた」とは証拠もなしに書いてはいけません。しかし、可能性は高いと考えて、事実を記述するものなのです。

さて、頭の体操から、絶対確実な史実に戻ります。ヴァレンシュタイン暗殺の翌年、リシュリュー率いるフランスは直接参戦しました。

第四期フランス・スウェーデン戦争です。フランス戦争と呼んでもいい戦いぶりです。リシュリューはグスタフ・アドルフの遺児クリスティーナ女王と固く同盟を結び、オーストリアとスペインの両ハプスブルク家に宣戦布告します。

ここに、カトリックのフランスがプロテスタントについたことで、三十年戦争は宗教戦争ではなくなりました。

戦争の初期はカトリックもルター派もカルヴァン派も「あいつらを殺せ！」と口々に叫んでいたのですが、末期になると兵士たちは「フランス万歳」「スウェーデン万歳」を連呼し、異端審問の本場で狂信的に熱心なカトリックのスペイン兵すら「スペイン万歳」と叫ぶようになります（前掲『傭兵の二千年史』）。国家意識、国民意識の芽生えです。それまで、兵たちは王様や王家に仕えていました。王様や王家に仕えるということは、戦ごとに別の王様や王家に仕えてもいいのです。言うなればスポーツ選手がチームどころか国すら気にしないで所属を変えるのと同じです。実際、外交官と軍人は違う王様に仕えるのを気にしない職業でした。ところがいつの間にか、王様そのものが国家であり、自分が所属する対象であるという感覚が芽生え始めたのです。まだまだ現在の国家意識には程遠いのですが。

それはさておき、フランスとスウェーデンの連合軍は連戦連勝です。悪事の限りを尽くし、同時にフランスのブルボン王家と国益に生涯をささげたリシュリューが死去する一六四二年には、大勢が決していました。

帝国諸侯の一つ、ドイツ北西部にあるヴェストファーレン（英語名ウェストファリア）地方の二つの都市、ミュンスターとオスナブリュックで講和会議が開かれました。六年にわたる会議の間も激しい戦闘は続きますが、ようやく悲惨な三十年戦争は終結します。

三一三年のローマ帝国のキリスト教公認や三九二年の国教化から数えて千三百年。ヨーロッパが宗教戦争と決別するときが来ました。

果てしない、そして野蛮な殺しあいの果てに彼らは気づき始めます。

人を殺してはいけないのではないか？

ましてや、惨たらしく殺してはいけないのではないか？

日本人にとっては当たり前のことも、世界ではそうではないのです。

三十年戦争の時代の日本は、長い戦国時代が終わり、江戸幕府による天下泰平を謳歌し始めています。いわゆる「鎖国」と称される、オランダ以外のヨーロッパの国は来させないという貿易統制を始めるころです。その時期の例外的な二つの動乱が、大坂の陣と島原の乱です。いずれも徳川家が戦ったのは、キリシタン浪人、すなわちカトリックです。島原の乱ではプロテスタント国のオランダ船がカトリック浪人の籠もる原城に艦砲射撃を加えてさえいます。

大坂の陣と島原の乱は三十年戦争の形を変えた日本戦線とも言えるのです。

ただし、日本は三十年戦争に巻き込まれはしませんでした。オランダ寄りの中立です。

より正確に言えば、武装中立です。

カトリックのポルトガルやスペインは来させない。オランダも長崎の出島から一歩も出さない。それができるだけの武力があったから、中立ができたのです。

ちなみに中立とは「交戦当事者双方の敵」の意味です。実際のオランダとスペインやポルトガルとの戦闘にかかわってはいませんが、日本の態度は明らかにオランダ寄りなのです。だからオランダ寄り中立です。

日本はヨーロッパの宗教戦争、あるいはユーラシア大陸全土で行われてきた野蛮な殺しあいとは無縁な、のん気な国でいられました。

それは日本が強かったからです。頭も腕っぷしも。

第三章　プロイセン王国

主な登場人物

エンゲルベルト・ケンペル（一六五一年〜一七一六年）　日本人が最初に会ったドイツ人（非公式記録）。

レオポルト一世（一六四〇年〜一七〇五年）　異名はバロック皇帝だが、J・S・バッハより少し前の時代の人。

フリードリヒ三世（一世）（一六五七年〜一七一三年）　初代プロイセン国王。ブランデンブルク選帝侯としては三世。世界史に残る二股男。

マリア・テレジア（一七一七年〜一七八〇年）　実は共同統治者にすぎないが、あまりの存在感に女帝と呼ばれる。

フリードリヒ大王（一七一二年〜一七八六年）　ヴォルテールが暴露しようとした恥ずかしい詩、読んでみたい。

フランツ二世（一世）（一七六八年〜一八三五年）　神聖ローマ皇帝としては二世、オーストリア皇帝としては一世。

ヨハン・ゴットリープ・フィヒテ（一七六二年〜一八一四年）　戦後日本でも愛国者の鑑。知名度低下は哀しい。

クレメンス・フォン・メッテルニヒ（一七七三年〜一八五九年）　晩年は寂しい。

ゲプハルト・ブリュッヒャー（一七四二年〜一八一九年）　前進元帥。あまりに楽しい生きざまなので、取り上げた。

フィリップ・フォン・シーボルト（一七九六年〜一八六六年）　親日スパイ。娘は、楠本イネ（医者）。

概略図「ウィーン体制」

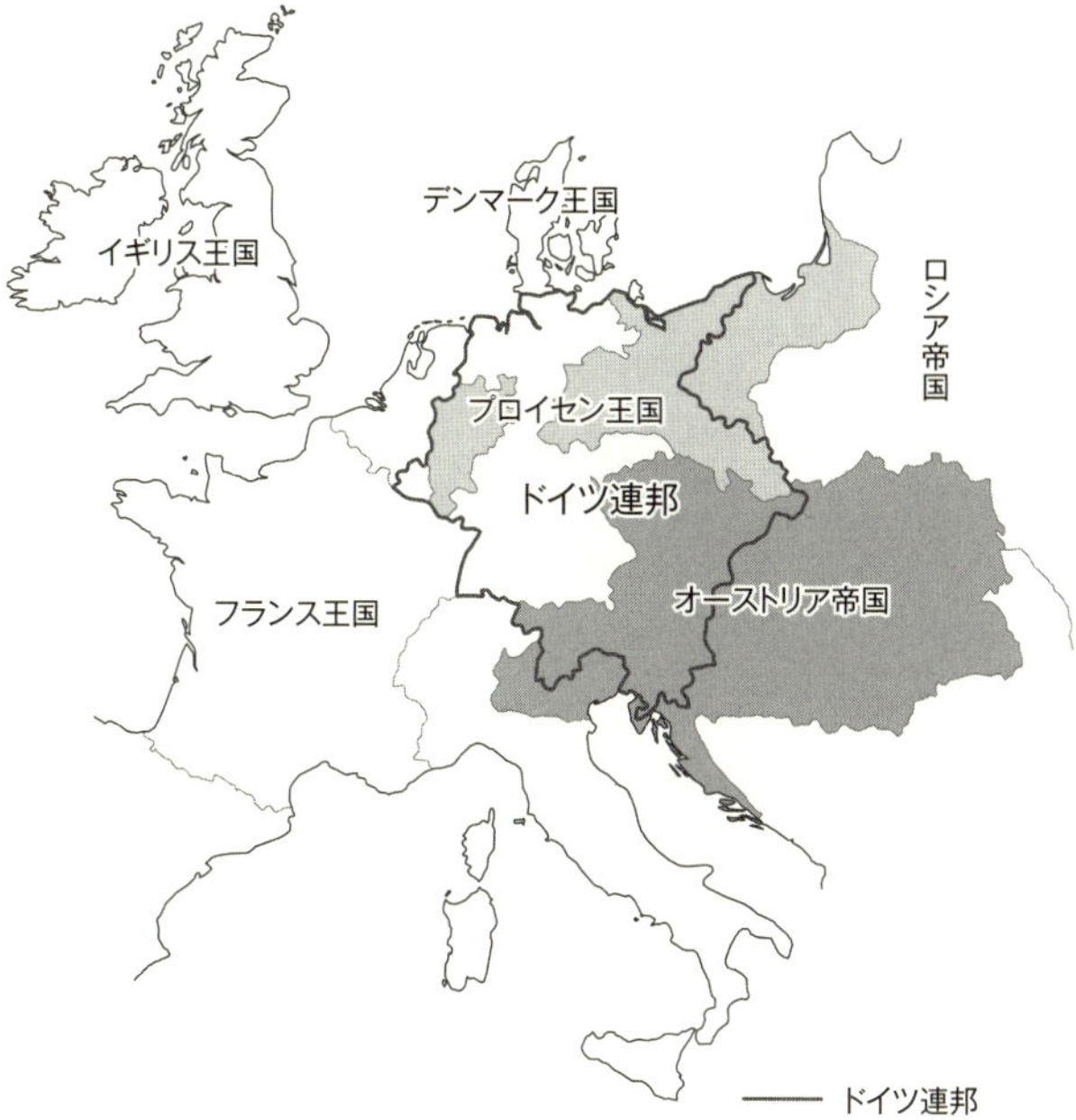

第一節　「ウェストファリア条約」――大国と小国は対等という建前

一六四八年、ウェストファリア条約が締結されました。神聖ローマ帝国内のウェストファリア（ヴェストファーレン）で講和会議が開かれ、ここで決まったことは現代に至るまで大きな影響を与えていますから、ウェストファリア体制とも呼ばれます。

主な内容は、「アウクスブルクの和議の確認」「カルヴァン派の承認」「帝国諸侯に皇帝と対等の主権を承認」「スイスとオランダの独立の承認」です。

「スイスとオランダ、まだ独立してなかったの？」と言いたくなりますが、神聖ローマ帝国が正式に独立を認めたのは、この条約です。

アウクスブルクの和議はカトリックがルター派の存在を認める内容でしたが、このたびカルヴァン派も認められました。バチカンからすれば、自分に逆らった勢力を認めることになるので敗北です。ローマ教皇庁はウェストファリア条約の無効を宣言しましたが、もはや誰も言うことを聞きません。ヨーロッパ中が三十年戦争で疲れ果てていて、宗教戦争などで勘弁してよ、という空気だったのです。ローマ教皇の呼びかけで十字軍に応じるなどといったことは、もはや遠い過去の話となりました。

ウェストファリア条約は「忘れること」を強く求める条約ともいわれます（『ドイツ史研究入門』山川出版社、二〇一四年）。殺しあいをした過去を蒸し返さない。講和条約を結んで仲直りしたのだから諍いは終わり。これが近代の精神です。どこぞのチャイナ＆コリアやアメリカに聞かせてやりたいと思ったアナタは鋭い！　アメリカ合衆国、中華人民共和国、ついでにダブルコリアは近代の精神が理解できない前近代国家なのです。この連中がウェストファリア体制をまるで理解できないことは、これまでの「嘘だらけシリーズ」でさんざん述べてきました。ほかにも、小著『日本人だけが知らない本当の「世界史」』（ＰＨＰ文庫、二〇一六年。旧題は『歴史問題は解決しない』）をどうぞ。

神聖ローマ帝国の三百諸侯は、皇帝と対等の主権国家と認められました。国王の上に教皇や皇帝がいるのではなく、大国も小国も対等という建前が生まれました。現代の国際社会では、アメリカや中国のような超大国も名前を聞いたことがないような小国も対等という主権国家対等の原則がありますが、その原型がウェストファリア体制なのです。

一六四八年の時点でヨーロッパの大国は、神聖ローマ帝国、スペイン、フランス、オランダ、スウェーデンですが、こうした五大国も小国も、対等の主権国家であるという約束事が成立したのです。

皇帝からすれば、豆粒のような国家と対等です。かつてのマクシミリアン一世やカール五世の栄光は今いずこです。だからウェストファリア条約は「神聖ローマ帝国に対する死亡診断書」とも評されました。しかし、埋葬許可証が出るまでに百五十年かかりました。そして、死亡診断されてから生き返るのがハプスブルクなのです。

ところで一六五一年、ウェストファリアにエンゲルベルト・ケンペルが生まれました。医師となったケンペルはオランダ船に乗って世界中を旅します。オスマン・トルコ、サファヴィー朝ペルシャ、インドのムガール帝国、清とアジアの四大帝国を東へ向かい、一六九〇年から二年間、長崎の出島で働いています。その間、五代将軍徳川綱吉にも謁見しています。公式にはオランダ人ということにしていましたが、ケンペルは最初に日本人が会ったドイツ人になります。

ケンペルは道中のことを詳細な記録にまとめていますが、日本のことも見聞録『日本誌』に書き残しています。ケンペルの死後、著作の一部は一八〇一年に志筑忠雄によって『鎖国論』として訳されます。「鎖国」の語源です。

ケンペルは平和な日本のことを羨ましそうに書き残しています。その内容を二つだけ紹介します。

一つは、徳川綱吉は強い君主だが下の者には慈悲深くみんなから慕われているということ。生類憐みの令の印象で長らく「蚊を殺しても島流し」「お犬様は人よりも偉い」式の暴君として扱われてきた綱吉のイメージが変わると思います。

もう一つは、タタールの血を引く支那の皇帝はいろんな国を征服したが日本を征服しようと思わないだろう、ということです。日本は大国・清すら警戒する尚武の気風にあふれた国であるとケンペルは記しています。多くの日本人は「中華帝国は強大で日本は小国」だと思っていますが、自己評価が低すぎるでしょう。

第二節　「皇帝レオポルト一世」――ハプスブルク家中興の祖

落ち目の神聖ローマ帝国を横目にヨーロッパの中心となったのはフランスです。リシュリューが三十年戦争と同時並行で始めたスペインとの戦争を、後継の宰相マザランはウェストファリア条約締結後もやめません。そして一六五九年、フランス優勢のまま終戦します。

しかし一六六一年、フランスでマザランが死去し、ルイ十四世が親政を行うようになると、風向きが変わってきます。この王様、戦争と外交が下手の横好きでした。宿敵ハプスブルク家だけでなく、大国スウェーデンやオランダ、さらに成長著しい新興国のイングランドにまでケンカを売っては、まともな成果もなく引き揚げる、を繰り返します。

一六八三年、ハンガリーで反ハプスブルク貴族が反乱を起こし、救援を求められたオスマン・トルコ帝国の宰相パシャは十五万の大軍を率いて進撃を始めます。そして神聖ローマ帝国の首都ウィーンを包囲しました。世に言うウィーン包囲作戦です。

時の皇帝レオポルト一世はウィーンを脱出してヨーロッパ中に救援を呼びかけ、ポーランド、ドイツ諸侯、ついでにモスクワ公国などが援軍に駆け付けます。それだけ足しても、まだオスマン軍の半分ほどの兵力なのですが、意気軒高。ポーランド国王ヤン三世が先陣を切って勇敢に戦い、騎兵を率いて包囲軍の中央突破を図るや、勢いに押されたオスマン軍は大混乱に陥り敗走しました。

オスマン軍は長期遠征で疲れていたので厭戦気分が漂っていたというのもあるのですが、今までの強さからするとあっけない敗走です。オスマン帝国は建国から数百年を経て、いろいろとひずみが出ていました。尚武の気風は薄れ、宮廷では政治家たちが権力闘争に明け暮れるといった日々です。

トルコがハプスブルクの勢力を削ってくれると期待していたルイ十四世の思惑は、思いっきりはずれました。

この戦いをきっかけに東欧では大トルコ戦争が始まり、ハプスブルクは逆襲に転じます。西欧では、そこらじゅうにケンカを売っていたルイ十四世がプファルツ継承戦争を引き起こします。

ルイ十四世はプファルツ選帝侯家が絶えたのにつけこみ、自分の親戚を後継者に送り込もうとしたのです。これに、オーストリアとスペインの両ハプスブルク家、オランダ、スウェーデンの欧州四大国、さらに名誉革命直後に反仏親蘭に転じたイングランドまでが加わり、アウクスブルク大同盟を結成します。要するに、ルイ十四世はヨーロッパ中を敵に回したのです。一六八八年、プファルツ継承戦争（大同盟戦争、九年戦争）が始まります。

リシュリュー以来、ヨーロッパ一の精強な陸軍を有するフランスは健闘しますが衆寡敵せず、一六九七年にプファルツ選帝侯家の継承権を放棄するなど一方的な譲歩を行ったレイスウェイク条約を受けいれて戦争を終わらせます。

神聖ローマ帝国は西欧でフランス、東欧でトルコと戦っていたのですが、双方で勝利します。大トルコ戦争では、ハンガリーを奪還しました。

さらにポーランドの国王選挙では、レオポルト一世が推したザクセン選帝侯アウグスト

（あだ名は強健侯）が当選します。

一六九九年、オスマン帝国とカルロヴィッツ条約を結び、ハンガリーの割譲を認めさせました。以後、オスマン帝国は凋落し、ヨーロッパがアジアの帝国に優越していく端緒となります。

皇帝レオポルト一世は実績からしてもハプスブルク家中興の祖と言っても過言ではないのですが、妙に影が薄いのはなぜか、よくわかりません。

もともと本人は皇帝を継ぐ予定ではなかったのが、兄の死で偶然、即位して、在位が一六五八～一七〇五年と約五十年に及びます。バロック文化の保護者として知られ、自身も作曲家として作品を残しているような教養人でした。それだけに武芸は得意ではなく、親征をほとんど行っていません。ハンガリーを取り返したのも部下たちです。ただ、部下には恵まれ、また皇帝自身も優秀な軍人を信頼して用いました。

その中の一人であるプリンツ・オイゲンという軍人は、かのナポレオンが「世界史上の七大将帥」と称賛しているような人物で（前掲『ハプスブルク帝国』）、大トルコ戦争で大活躍しました。ちなみにナポレオンが挙げているほかの六人は、古代ギリシャのアレクサンダー大王、カルタゴの名将ハンニバル、ローマのシーザー、前章で大活躍したグスタフ・アドルフ、リシュリューとマザランの勝利を支えルイ十四世に仕えたテュレンヌ、そして本章で大暴れするフリードリヒ大王と、いずれもヨーロッパ史に残る名将です。
ところで、ハプスブルク家に対するイメージです。

通説

ハプスブルク家は戦争には弱かったが、婚姻など外交がうまかったので、動乱のヨーロッパで生き残った。

本書をここまで読まれた方は、そのようなステレオタイプなイメージで大根切りにしてはいけないことが理解できると思います。ハプスブルク家は連戦連敗の弱い一族ではないですし、むしろ戦いに明け暮れ、尚武の気風にあふれています。ただ、負けたときの印象が鮮やかすぎるのです。

第三節　「フリードリヒ三世（一世）」——選帝侯からプロイセン国王へ

レオポルト一世とルイ十四世の治世の末期に、東欧と西欧で大戦争が発生します。

一七〇〇年、東では大北方戦争が発生します。大国化したスウェーデンに対し、ポーランド、デンマーク、モスクワ帝国、ドイツ諸侯など周辺諸国が結束し、戦いを挑んだのです。フランスやオスマン・トルコは外交的な支援をしてくれるだけで、スウェーデンは二十年以上も孤独な戦闘を続けることになります。

一七〇一年、西ではスペイン継承戦争が勃発します。スペインは長らくハプスブルク家の分家が継承してきましたが、カルロス二世で絶えてしまいました。そこにルイ十四世が押し込んだブルボン家のアンジュー公フェリペを即位させます。フェリペ五世です。

ここにフランスは三百年にわたり、ハプスブルク家に挟撃される環境から抜け出しました。フランスとスペインは同盟国となります。ヨーロッパ一位と二位の陸軍大国の同盟でもあります。ルイ十四世はそれまでの下手の横好きの戦争と外交を一気に取り返しました。

しかし、それはほかの欧州諸国にとっては悪夢です。レオポルト一世は、オランダ、イングランド、ポルトガル、プロイセンを誘って対仏大同盟を結成し、宣戦布告します。なお、この戦いの最中にイングランドはスコットランドを併合しますので、以後はイギリスと表記します。

スペイン継承戦争はドイツ史にとっても重要です。一七〇一年一月十八日、皇帝レオポルト一世は、ブランデンブルク選帝侯・フリードリヒ三世を公爵から格上げし、国王位を与えました。フリードリヒ三世はあからさまにルイ十四世と親しくしていましたから、引き離すための懐柔策です。レオポルト一世は知らなかったでしょうが、実はフリードリヒ三世はルイ十四世に買収され、次の皇帝選挙ではブルボン家に投票するという約束までしていました。

なお、一月十八日というのはブランデンブルク選帝侯であるホーエンツォレルン家にとって重要な日付で、この本ではあと二回出てきます。

かくして、フリードリヒ三世は自分を高く売りつけてプロイセン国王の冠を得てフリードリヒ一世となりました。ところで、プロイセンってなんでしょう？

プロイセンという言葉の由来は、バルト地方にいた部族の名前（プルーセン人）です（山内進『北の十字軍』講談社学術文庫、二〇一一年）。第二章でポーランド&ドイツ騎士団がモンゴルと戦っていましたが、このときのドイツ騎士団はポーランドの東にいるのです（東《オスト》プロイセン）。現代では、ポーランドとリトアニア、それにロシアの飛び地のカリーニングラードです。「じゃあ、全然ドイツじゃないじゃん？」と思われた方もいるでしょうが、まさにそのとおりです。

中世以降ドイツの本流はハプスブルク家であり、選帝侯の地位を占める実力者であるバイエルンとザクセンです。同じく選帝侯の一人がポーランドの東の飛び地のプロイセンを領有し、そしてここに「プロイセン国王」を名乗り神聖ローマ帝国（つまりドイツ地方）の本流に割り込んできたのです。

言うなれば、室町幕府の大名である斯波家の家老・朝倉氏が、応仁の乱のドサクサで大名にしてもらったのと同じです。その例えで言うと、朝倉氏が戦国動乱を統一し、さらに朝鮮出兵をやってのけ、幕府を開いたようなものでしょうか。

神聖ローマ帝国で「王」を名乗るのは「ドイツ王」である神聖ローマ皇帝だけです。だから、ほかに王が現れたとなると、反感やら「自分も名乗らせろ」という声が出るやら収拾がつかなくなります。そこで、実態はベルリンを首都とする「ブランデンブルク王国」なのですが、ドイツ風の名前を避けてプロイセンの名をつけたのです。プロイセンは、ここから百七十年かけてドイツを乗っ取っていきます。

さて、本題に戻ります。

スペイン継承戦争は痛み分けのような形で終わりました。フランスは、ブルボン家がスペイン王家を継承することを認めさせました。ハプスブルク家も、一七一四年ラシュタット条約でネーデルラントとイタリアのスペイン領を獲得します。

なお、イギリス国王はステュアート朝がアン女王で絶えたので、一七一四年にハノーファー選帝侯ゲオルクがイギリス国王ジョージ一世として即位します。ハノーヴァー朝の始まりです。二十世紀の世界大戦でドイツと戦争に至ったので、ドイツ風の名前をウィンザー朝と変えて今に至ります。

一方、大北方戦争はスウェーデンの敗北で終わります。一七二一年、モスクワ帝国のピョートル一世は、祝勝会で国名を「ロシア帝国」と改めます。スウェーデンに代わり、北欧の大国となります。ロシアは、大トルコ戦争以降衰えの著しいオスマン帝国の領土を侵食し、強大化していきます。

第四節　「マリア・テレジア」――女帝と大王の激突

ハプスブルク家といえば多産の家系で知られていたのですが、それは女性の話。近親結婚を繰り返し、男性はいつのまにか子供ができにくい体質になっていたようです。スペイン・ハプスブルク朝最後の国王カルロス二世は生まれつき虚弱体質でしたし、残っている肖像画も見るからに不健康そうです。男の子の後継者が得られないことは王統の危機であり、ヨーロッパにおいてはスペイン継承戦争の例で明らかなように、戦争を招きます。スペイン・ハプスブルク家に続いて本家まで絶えてしまっては、オーストリアの一貴族に逆戻りです。それは、事実上の滅亡を意味します。

そこで神聖ローマ皇帝カール六世は、即位三年目の一七一三年、女子相続を認める国事詔書を発します。ハプスブルク家では男系男子だけに許されていた相続を女子にも拡大して女帝を認め、さらに、その女帝が産んだ子供にも相続を認めようというのです。つまり、女系容認です。

我が国の皇室では推古天皇以来十代八方の女帝がいます（数がずれるのは重祚といって、おふた方が二度天皇の位に就かれているからです）。しかし、八方はいずれも未亡人か生涯独身です。女帝のお子さんが天皇になられた例は三回あります。皇極天皇（斉明天皇）の息子の天智天皇・天武天皇と元明天皇の娘の元正天皇です。この場合、皇極天皇の夫は舒明天皇、元明天皇の夫は天武天皇の息子の草壁皇子で、いずれも天皇か皇族です。だから純粋な女系ではなく、男系でもあります。天智・天武の両天皇は男系男子かつ女系男子、元正天皇は男系女子かつ女系女子です。純粋な女系の天皇は、男子女子とも、一人もいません。全百二十五代の天皇は一人の例外もなく、男系です。詳しくは、小著『日本一やさしい天皇の講座』(扶桑社、二〇一七年)でどうぞ。

さて、ハプスブルク家は我が国と違って、女系継承を強行しようとします。周辺諸国は横紙破りを認めてやるからとばかりに無理難題を突き付けてきます。カール六世は、それらすべてを唯々諾々と呑むこととなりました。

カールには成人まで育った男の子はいませんでした。一七一七年に生まれた娘、マリア・テレジアに帝国を継がせるため、周辺諸国に必死に頭を下げます。

その間、カールはトルコと何度も戦い、ポーランド継承戦争にも介入して、勢力を維持しようとします。各地を転戦したのは、大トルコ戦争の英雄、プリンツ・オイゲンです。オイゲンは、周辺諸国に媚び諂う皇帝に批判的で、「王女には紙切れよりも強力な軍隊と財源を残すべし」と進言していました（江村洋『マリア・テレジア　ハプスブルク唯一の「女帝」』河出文庫、二〇一三年）。そして、マリア・テレジアの結婚相手には、プロイセンのフリードリヒ王太子を推挙していました（ジクリト＝マリア・グレーシング『ハプスブルク愛の物語　王冠に優る恋』江村洋訳、東洋書林、一九九九年）。しかし、己の外交手腕を過信している皇帝は、老将の言を聞き入れません。オイゲンは先行きを心配しながら、亡くなりました。

ちなみにプロイセンの王太子とは、のちに大王と呼ばれるフリードリヒ二世のことです。ポーランド継承戦争では、軍人教育の一環として名将オイゲンの下で従軍していました。

一七三六年、マリア・テレジアはロートリンゲン公フランツ・シュテファンと結婚します。フランツは、マリア・テレジアの又従兄であり遠縁にあたりますが、欧州随一の名門ハプスブルク家からすれば格下です。日本でたとえると、お華族さまが皇族と結婚して天皇になるようなものです。お華族さまがどんなに名門であろうが、皇族とは違います。ヨーロッパ人の感覚も同じようなものです。

ちなみに二人の夫婦仲はよく、十六人の子に恵まれました。

一七四〇年十月二十日、カール六世は娘と婿殿の行く末を心配しながら崩御しました。マリア・テレジアは国事詔書に従ってハプスブルク家の相続を宣言します。しかし、周辺諸国は、皇帝生前の約束など守る気はありません。大国フランスの手下スペイン、帝国内でもプロイセン、ザクセン、バイエルンなど家臣筋に当たる連中がハプスブルク家から領土を掠め取ろうと軍隊の総動員を始めます。

十二月十六日、プロイセンのフリードリヒ二世が先陣を切って攻め込みました。オーストリア継承戦争の始まりです。フリードリヒ二世は工業地帯のシュレージエンに攻め込み、一気に奪ってしまいます。シュレージエンは鉄や石炭など鉱物が豊富で、その加工や鉱業が盛んでした。我が国でいえば、突如として北九州工業地帯が奪われたような感覚でしょうか。

三十年にわたる女帝と大王の抗争の始まりでした。

第五節　「フリードリヒ大王」――プロイセンを大国化した哲人

プロイセンをヨーロッパの大国に押し上げるのは、のちに大王と呼ばれるフリードリヒ二世ですが、その素地は軍人王と呼ばれた父の代からありました。

プロイセン王家初代のフリードリヒ一世を継いだのは、息子のフリードリヒ・ヴィルヘルム一世です。スペイン継承戦争末期の一七一三年、プロイセン王家の二代目を継いだので、カール六世の同時代人になります。名前が長ったらしいのでアダ名で呼びますが、軍人王です。

軍人王はプロイセンを強国にしようと種々の改革に努め、行財政改革に成功します。単純に言うと、王の威令が国の末端にまで届くようにし、税金を集めて軍隊をつくる財源にし、王自ら訓練して鍛え上げる、ということです。王はヨーロッパ中から背が高い若者を集めて「巨人連隊」とか「巨人軍」と呼ばれる軍隊をつくり、ヨーロッパ中から笑いものにされます。しかし、「巨人軍」が目を引いたおかげで、軍人王が進めていた行財政改革が注目されないまま、いつの間にか強国になっていたのです。

ちょうど、マリネラ王国の国王側近集団全員がタマネギ頭のカツラをかぶり特殊なメイキャップで周辺諸国の笑いものになりつつも、それをカムフラージュに内閣に取って代わって国政を運営していたのと同じようなものでしょうか（というか、『パタリロ！』のタマネギ部隊のモデル、巨人連隊としか思えん……）。

いささか高度すぎる教養が必要な話となりましたので、本題に戻りましょう。

のちに「大王」「哲人王」と呼ばれる王太子は、若いころは文弱でした。凶暴な父に怯え、好きな文芸に耽溺するような有様です。当時最高の文芸家のヴォルテールとも親交があったのですが、はるか後世に仲たがいしたとき、「あんたが書いた詩をヨーロッパ中に拡散してやるからな」と脅されて慌てて詫びを入れた、という事件もありました。どれほど「大王」のイメージを損なう軟弱な詩だったのか。

これくらいならシャレになるのですが、父の虐待に恐怖した王太子は、逃亡を企てます。ところが露見し、お付きの者は死刑になりました。ちなみに逃亡計画を漏らしたのは、宮廷に入り込んでいたハプスブルクのスパイだそうです（前掲『ドイツ三〇〇諸侯』）。

　この事件をきっかけに大王は、徐々に文弱な気質を脱します。オイゲンに従ってポーランド継承戦争に従軍するのは、逃亡未遂事件から三年後です。

　そしてフリードリヒ二世の資質が開花するのは、即位してからです。一七四〇年五月、父の崩御に伴い第三代プロイセン国王に即位します。本当は「大王」と呼ばれるのはもっと後なのですが、面倒くさいのでここから「大王」で統一します。

　十月がカール六世の崩御に伴うマリア・テレジアのハプスブルク家相続で、その二か月後に大王はシュレージエン侵攻を敢行します。父が鍛えた軍隊を使い、一気に奇襲を成功させたのでした。

　これはマリア・テレジアの怒りを買います。当然でしょう。なんのためにカール六世が譲歩を繰り返したのか。しかも工業地帯のシュレージエンを奪われては、国力も落ちる。しかし、同盟国のはずのイギリスは真面目に戦おうとしないので、ハプスブルク軍は苦戦します。

　実は、大王は密かにイギリスにも手をまわし、本格介入しないように工作していたのです。当時のイギリスは長期政権と化していたロバート・ウォルポール政権の末期で強力な政治的統一を欠き、神聖ローマ皇帝家のためにフランスや成長著しいプロイセン、それにドイツ諸侯を敵に回して戦うとはならなかったのです（このあたりのイギリスの動きは、『嘘だらけの日英近現代史』扶桑社、二〇一六年を参照）。

あげくの果てに一七四二年、バイエルン選帝侯カール・アルブレヒトがカール七世として神聖ローマ皇帝に即位しました。ハプスブルク家による三百年の皇位独占が崩れてしまいました。ここにマリア・テレジアは不利を悟り、プロイセンとの和睦を選びます。第一次シュレージエン戦争が終わりました。

大王は、故父王に恐怖し、憎悪すらしていました。しかし、父の悲願であるプロイセンの大国化は息子の代でなされ、息子は父以上にプロイセンの軍国主義化を図りました。

彼のモットーは「大胆、大胆、常に大胆に」です。大王は自ら訓練に立ち会うのを常としました。大王は、兵卒を牛や馬のように扱いました。フリードリヒ大王の戦法は「号令」を特徴とします（小著『大間違いの織田信長』KKベストセラーズ、二〇一七年で詳述）。号令とは、「伏せ」「立て」「待て」「構え」「撃て」「止め」「進め」「引け」「右へ」「左へ」といった基本動作の徹底です。兵卒はロボットのように動きます。

大王の猛訓練で、三十五中隊四五〇〇の騎兵を四分で整列させられるようになったとか

（前掲『ドイツ二〇〇諸侯』）。

　この時代の軍隊としては画期的なのですが、大王の軍隊は複数に分かれて行進し、目的地で合流できました。大王の軍隊では、将校は全員がプロイセン人です。ただし、臣民を徴兵すると税金が入らなくなり諸々の経費がかかるので、安上がりだからと近隣の領民を拉致していました。

　だんだん、現代日本のみんなが想像するドイツ人らしくなってきました。日本人にはドイツといえば、ハプスブルクではなく「プロイセン国王・フリードリヒ大王の子孫」という印象があるようです。

　プロイセンがドイツを名乗っているのを、日本でたとえますと……室町時代の守護大名に「百済の聖明王の子孫」を名乗る大内氏という人たちがいました。その大内氏が皇室に取って代わって、天皇を名乗るようなものでしょうか。我が日本は幸せなことに、一度も国を乗っ取られたことがないので、わかりづらいかもしれませんが。

　ということで気を取り直して、遅くなりましたが、「嘘だらけシリーズ」恒例、民族の特性の法則化です。

ドイツ人の法則
一、生真面目
二、勢いに乗る
三、詰めが甘い

二つの世界大戦でもそうです。ドイツ人というのは、生真面目で途中まではうまくいくのですが、最後に大コケする、を繰り返しています。今のドイツ連邦共和国がどうなるかは知りませんが。

これってフリードリヒ大王そのものです。

一七四四年、大王はベーメンに侵攻し、第二次シュレージエン戦争が開始されます。フランスとイギリスも参戦します。英墺vs.仏普の構図で、ほかの小国やドイツ諸侯も両陣営に分かれて抗争します。

態勢を立て直したマリア・テレジアは健闘し、戦争は膠着状態に陥ります。

ちなみにオーストリア継承戦争では、戦場で遭遇した英仏両軍が先制攻撃の機会を譲り合った結果、譲ってしまったフランス軍が全滅するという牧歌的なんだか間抜けなんだかわからない戦いもありました。ついでに言うと、昼間は戦場で戦った両軍の将軍が、夜はパーティーで歓談するのも、珍しくありません。宗教戦争の時代には考えられない出来事です。

まるでスポーツかゲームのようだと思われるかもしれませんが、実際にそのとおりなのです。この時代のヨーロッパの戦争は、「王様のゲーム」「ゲームとしての戦争」なので、スポーツのようなものなのです。「王朝戦争」とも言われます。宗教戦争が相手の存在を抹殺するまでやめられないのと違い、王朝戦争は外交ゲームの手段としての戦争なのです。ある目的があり、その目的が外交では達せられないときに、戦争に訴えるのです。だから、話し合いで終わるのです。

オーストリア継承戦争では、マリア・テレジアの目的は皇位の継承、フリードリヒ大王の目的はシュレージエンの獲得です。一七四五年、大王はシュレージエンの領有と賠償金を得て、マリア・テレジアの夫であるフランツ・シュテファンの神聖ローマ皇帝即位を認めました。マリア・テレジアは共同統治者となります。

オーストリア継承戦争は一七四八年アーヘンの和約で終わりますが、大王はそれ以前からサンスーシ宮殿の建設に熱中します。ロココ時代を代表する建物です。

絶頂にあった大王ですが、背後では陰謀が進められていました。

第六節 「七年戦争」——三大国を敵に回して生き残る

ハプスブルク家とフランス王家の抗争は、三百年に及ぼうとしていました。この間の両家の抗争はヨーロッパの歴史そのものです。しかし、マリア・テレジアに外相そして首相として仕えるヴェンツェル・アントン・フォン・カウニッツ伯爵が現れるに及び、状況が変わります。

オーストリア継承戦争で、神聖ローマ帝国にとってイギリスは名ばかり同盟国でした。それどころか、イギリスの宮廷には、大王に同調する勢力までいます。もともとイギリスは、フランスとはインドやアメリカで植民地争奪戦を繰り広げていたので、「敵の敵は味方」でハプスブルクと組んだだけです。イギリスとプロイセンは接近の動きを見せます。

アーヘンの和約で外交交渉の現場に立ち会ったカウニッツは、こうした動きを知悉しています。また、長らく外交官を務め、フランスに人脈を築いていました。

当時のブルボン王朝では、ルイ十五世は政治への関心がなく、たいていのことは愛妾のポンパドール夫人を通すことになっていました。カウニッツはポンパドール夫人に取り入り、フランス全体をオーストリアとの同盟に持っていきます。「外交革命」です。

さらに、ロシアのエリザベータ女帝をも巻き込み、墺仏露の三国同盟を結びます。マリア・テレジア、ポンパドール、エリザベータの三人の女性指導者が結んだので、「スカートの同盟」などと言われます。

凄腕外交官カウニッツにより、フリードリヒ大王は、瞬く間に三大国に包囲されました。マリア・テレジアは、シュレージエン奪還に執念を燃やしています。欧州のほとんどの国が前回の戦争で勝ちすぎたプロイセンの敵に回っています。ロンドンで正式の同盟条約を結んだ味方のイギリスはといえば、すでに世界の各地でフランスとは交戦状態にあり、まともな援軍は期待できません。

一七五六年八月、大王は先手を打って、ザクセンに侵攻しました。ここに七年戦争が始まります。

緒戦はプロイセンの快進撃でした。大王はザクセンを二か月で撃破します。しかし、墺仏露三国同盟とは国力そのものが違います。オーストリア軍も、かつての弱兵とは違っていました。

戦況は一進一退を繰り返します。

プロイセン軍は、「号令戦法」の軍隊です。何人か使える将軍がいても、結局は大王自身が出ていかないと弱いのです。戦争中、首都ベルリンが二度も攻略されていますが、いずれも大王が転戦で留守にしていた際のことでした。大王は国を守るために四方八方を駆け巡ります。

戦争が長引くにつれて、一万人、また一万人と、プロイセン軍は減っていきます。疲れが見えた大王に敗戦が目立ち、一時は自決も覚悟したほどでした。

頼みの綱は、イギリスの戦時指導者であるウィリアム・ピット（大ピット）だけです。ピットは多額の軍資金を大王に投入し、戦費を支えてくれます。また、陸軍を援軍として送ってくれました。ただし、こちらは申し訳程度の人数ですが。のちに大王は回顧録で、大ピットへの無条件の感謝を記しています。それはそうでしょう。大ピットは友情からではなく、イギリスの国益のために大王を支えただけなのですが。だからこそ、大王にここまでの感謝をさせた大ピットの外交術が卓越しているのです。ちなみに、大王の自伝は日本語では石原莞爾訳がありますが、なぜか「大王」と三人称で記述しています。

さて、イギリスで大ピットが失脚し、大王が同盟軍に追い詰められ、もはやこれまでと思われた瞬間に奇跡が起きました。

一七六二年、ロシアのエリザベータ女帝が崩御。継いだピョートル三世は大王の信奉者で、突如プロイセンと単独講和してくれます。それどころか、昨日までの同盟国であるオーストリア軍を攻める始末です。しかも、軍服をプロイセン風に替えて。

あまりの支離滅裂に妻のエカテリーナ二世がクーデターを起こし、ピョートルを廃位。自分が皇帝に就いたほどです。ただし、エカテリーナもオーストリアへの攻撃こそやめましたが、対プロイセン戦争へ再参戦しませんでした。

もはやプロイセンも同盟軍も、どの国も疲弊しきっていて、余力がほとんど残っていなかったからです。気がついたら、ヨーロッパでの殺しあいを尻目に、アメリカとインドでフランスの植民地をあらかた奪っていったイギリスのひとり勝ちの様相でした。

一七六三年、英仏はパリ条約で、普墺はフベルトゥスブルク条約で講和を結びます。プロイセンは、シュレージエンの領有を認められましたが、代わりに、マリア・テレジアの息子（のちのヨーゼフ二世）が皇帝に就くのに協力するとの条件付きでした。

女帝と大王の死闘は、ここに終わりを告げます。

七年戦争での大王の奮闘は、当時のヨーロッパでプロイセンを大国と認知させたのみならず、後世のドイツ人にも影響を与えます。

二十世紀の二つの世界大戦でドイツは三大国を敵に回し、国を消されてしまいます。しかし、七年戦争で三大国を敵に回して生き残ったフリードリヒ大王の成功体験を追い求めてしまうのです。とくにヒトラーは、ベルリンに敵が迫ると、毎晩のように大王の伝記のうち七年戦争の部分の読み聞かせをさせていたとか。

第七節 「啓蒙専制君主」——上からの近代化

まずは、日本の社会科教科書の一般的記述です。

通説

ヨーロッパでは十七世紀から十八世紀にかけて、イギリス、アメリカ、フランスで次々と市民革命が起こり、絶対王権が否定されて近代化していく。

我々が暮らす近代社会は、市民革命による「下から」の近代化によってもたらされたと言いたいらしいのです。この記述自体は、部分的には正論です。しかし、一部が正確だからといって全体も正しく表現されているかというと、かなりのミスリードです。では、「その三国以外にどこの国で市民革命が起こったのか」と言われると、どこの国でも起きていません。そして、舌の根も乾かないうちに、「十八世紀後半のヨーロッパでは、マリア・テレジア、フリードリヒ大王、エカテリーナ二世は啓蒙専制君主」と書かれます。啓蒙専制君主とは、「上から」の近代化をもたらした君主です。過去の「嘘だらけシリーズ」でも市民革命のうさん臭さは指摘してきましたが（とくに『嘘だらけの日仏近現代史』では、その凶暴さをこれでもかと）、ヨーロッパに限っても「下から」の近代化などは少数派で、大半の国は「上から」の近代化なのです。

本書では、マリア・テレジアとフリードリヒ大王の啓蒙専制君主ぶりを少しだけ紹介しましょう。啓蒙とは文字どおり「蒙を啓く」で、「モノを知らないやつに、モノを教えてやる」という意味です。

マリア・テレジアの改革で代表的なのは、残虐な拷問の廃止です。そして女帝自ら考案した「指折りペンチ」の詳細な解説書が残されています。南ドイツのローテンブルクに拷問博物館、もとい中世犯罪博物館というのがあるのですが、中世キリスト教のヘンテコリン極まりない拷問具の数々が展示されていますので、興味がある方は現地へどうぞ。「おしゃべり女を痛めつけるマスク」とか、「性器粉砕機」とか、鎧に閉じ込めて全身を内部の針で刺し殺す「鉄の処女」とか、ゲンナリします。マリア・テレジアは、そういうヘンテコリンかつ残虐な拷問と決別したかったのでしょうが……。同時期の江戸時代の日本でも拷問はありますが、ヘンテコリンな拷問を思いつく才能は日本人には欠けていたようです。

一方、フリードリヒ大王で取り上げたいのは、識字率向上政策です。大王は「一般地方学事通則」で、五歳から十三歳までの子供が学校に通うのを義務付けました。今風に言えば、義務教育制度を導入し識字率十割を目指したのです。しかし、守れるはずもなく挫折しました。同時期、日本では寺子屋の普及率が高く、日本人の事実上の識字率は十割です。江戸時代の日本で「字が読めない」とは「漢字が読めない」の意味で、ひらがなカタカナが読めない日本人は滅多にいませんでした。日本人の教育レベルの高さは、とくに江戸時代は上から下まで驚異的に高いので、他国とは比較しないほうがいいでしょう。

啓蒙専制君主時代の特徴は、「教養市民層」と呼ばれることになる読書人口を生み出したことです。十八世紀末まで、人は人生で読む本は一冊だけで、一冊の本を繰り返し読む集約型読書が普通でした。庶民はもちろん貴族でも変わりません。読み書きができないのは、農民など庶民だけでなく、貴族だってそうでしたから。蔵書四千冊のフリードリヒ大王などは、例外中の例外なのです。ところが大王や女帝、あるいはポンパドール夫人などが読書サロンを作り、それに憧れたエカテリーナが真似をし、という具合にインテリのサークルが広がっていきました。多読型読書の時代になっていきます。

さて、一七六五年にフランツ一世が崩御すると、息子のヨーゼフ二世が神聖ローマ皇帝に即位、母のマリア・テレジアと共同統治を行います。

ヨーゼフ二世は、西方では妹のマリー・アントワネットをブルボン家のルイ十六世に嫁入りさせるなどフランスとの同盟関係を強めつつも、東方ではプロイセンやロシアとの友好関係にも気を配っています。というのは、七年戦争はイギリスのひとり勝ちだったので、ヨーロッパ全体でイギリスへの反感が強くなっていたのです。

一七七〇～八〇年代のヨーロッパの大事件は二つ、アメリカ独立戦争とポーランド分割です。アメリカ独立戦争の真相は、「嘘だらけシリーズ」では『日米』と『日仏』を主に参考にしてください。この戦争は、フランスのルイ十六世がイギリスを袋叩きにするために起こした戦争で、見事なまでに成功しました。

ちなみに、何人かのドイツ諸侯はイギリスのジョージ三世の要請に応えて、傭兵をアメリカ大陸に送りますが、過半数が帰国しなかったとか。傭兵の忠誠心など、こんなものです。しかもアメリカ大陸へ行かされるなんて、売り飛ばされたも同然ですから。叛乱軍のジョージ・ワシントンが巧みに勧誘して、脱走するように仕向けたとか。お前は蔣介石か⁉

この戦争に、神聖ローマ帝国もプロイセンも「武装中立」の立場を採ります。武装中立とは、中立国の船を平気で拿捕して物資を略奪する常習犯のイギリスに対し、中立国が武装して対抗することです。いわば国際自警団ですが、要はフランス寄りの中立です。この戦争でイギリスは、七年戦争での勝ちすぎを咎められることとなります。

アメリカ独立戦争はほとんどのヨーロッパ諸国にとって、「海の向こうの意趣返し」にすぎません。むしろメインストリームは、ポーランド分割です。

三十年戦争ごろまでのポーランドは大国でしたが、その後は「大洪水時代」と呼ばれる災難の連続です。一六六〇年にはプロイセンを手放し、一六九七年にはドイツ人のザクセン公が国王になる。すでにこの時点で亡国ですが、一七三三〜三五年のポーランド継承戦争では、墺普露の三国に小突き回され、フランスに助けてもらって、かろうじて生存が可能な状態でした。

しかし考えてみれば、ポーランドはフランスとは国境を接していません。周辺を露墺普の三国に囲まれているのです。それでもスイスのように国民一丸となって防衛努力をしていれば国の独立を守れるかもしれませんが、当時のポーランドは貴族の既得権益を守るのに汲々としているだけです。しかも、その貴族たちも周辺三国のどこかと結びついて、自分の権力を高めようとするのみです。露墺普の三国が野心を持ったとき、ポーランドになすすべがありませんでした。

一七七二年、第一次ポーランド分割で、領土が削られました。亡国へのカウントダウンです。

一七七八年には、バイエルン継承戦争で、久しぶりに墺普両国が争います。ハプスブルク家がバイエルン王家を継ごうとしたのを、プロイセンが阻止しようとしたのです。ただ、実際には激しい戦闘が行われることはなく、双方の軍は延々と食糧調達に走り回らされたので、ジャガイモ戦争とも言われます。これはヨーゼフ二世が独走したもので、フリードリヒ大王の工作でロシアやほかのヨーロッパだけでなく、アメリカ独立戦争で交戦中の英仏双方からも支持を得られないという結末になりました。結果、母后のマリア・テレジアが勝手知ったるケンカ友達の大王と密かに交渉し、痛み分けの形で兵を引くことで決着しました。

一七八〇年に女帝が、一七八六年に大王が崩御し、一つの時代が終わります。

第八節　「フランツ二世」――神聖ローマ帝国の消滅

啓蒙専制君主時代とは、哲学者のイマヌエル・カントが『純粋理性批判』を著し、モーツァルトが『フィガロの結婚』を発表するなど、絢爛豪華なドイツ文化が花開いた時代です。そんな最中の一七八九年、人類史を揺るがす大事件が発生します。フランス大革命です。それでも、露墺普の東中欧の三国の関心はポーランド問題です。一七九三年、露普だけで第二次分割、九五年の第三次分割でポーランドは地図から消えてしまいます。

もっとも熱心だったのはプロイセンで、ポーランドを併呑することで飛び地を解消しました。ロシアはプロイセンの勢力伸張に対抗するため、神聖ローマ帝国は露普両国に対抗するため、分割に参加したのです。主権国家尊重の原則など顧みられることなく、食わねば食われるのが当時の世界です。自力救済できない国は消されるだけなのです（今の国際社会も、あまり変わりませんが）。

フランス革命に対してハプスブルク家は、一族のマリー・アントワネットがフランスに嫁いでいるので、支援はします。一七九一年、プロイセンを誘い、ピルニッツ宣言を発します。革命を起こした暴徒が、マリーら王族に手をかけないようにとの牽制です。さらに翌九二年には普墺両国は軍事同盟を結びます。欧州の王族は親戚なのだから、助けるのは当然という感覚です。

こうした動きは、見事に革命派に逆用されました。革命派は「フランス国家」という価値観を打ち出し、外国による内政干渉だと喧伝します。「フランスを守れ」という愛国心は、「外国と結ぶ裏切り者を許すな」という王殺しを正当化する論理に転化していきます。

一七九二年、フランス革命政府は自ら普墺両国に宣戦布告し、戦闘でも勝利を重ねていきます。ちなみに、お世辞にも有能だったとは言えない神聖ローマ皇帝ヨーゼフ二世は崩御（一七九〇年）し、フランツ二世が継ぎます。

勢いに乗るフランス革命軍にヨーロッパ諸国も警戒を強め、イギリス首相のウィリアム・ピットの提唱で第一次対仏大同盟が結ばれます。かの七年戦争の英雄・大ピットの同名の息子で、区別するために小ピットと呼ばれます。死してフランス革命と、続くナポレオン戦争を叩き潰した小ピットの類いまれな戦争指導については、不朽の名作（自分で言うな）『嘘だらけの日英近現代史』をどうぞ。

フランス革命派の凶暴化はとどまるところを知らず、ルイ十六世とマリー・アントワネットをギロチンで殺してしまいます。そのほかにもギロチンなどで殺された人々は数知れず。しかし、革命以上にヨーロッパ中の貴族を恐怖のどん底に叩き落したのは、ナポレオン・ボナパルトでした。

ナポレオンは世界史に残る戦争の天才です。ただでさえ凶暴なフランス革命軍を相手に劣勢なのに、ハプスブルクもプロイセンもナポレオンの前には連戦連敗です。小ピットが何度も対仏大同盟を結成しますが、そのたびにナポレオンが撃破する……を繰り返します。

そして、いよいよ神聖ローマ帝国に埋葬許可証が出される日がきます。

一八〇三年、帝国代表者会議は、多くのドイツ諸侯の領地の取り潰しを決定しました。三百にも及ぶ豆粒諸侯は、大諸侯に併合されていきます。

一八〇四年、ナポレオンは自らフランス皇帝に即位しました。そもそもヨーロッパに皇帝はただ一人。ローマ帝国の東西分裂以後は原則二人で、十九世紀初頭の段階で東はロシアが、西は神聖ローマ帝国が後継者として引き継いでいました。

しかし一八〇五年、アウステルリッツ会戦で墺露両国はナポレオンに敗れてしまいます。ちなみに、この戦いは三人の皇帝が戦ったので「三帝会戦」とも言われます。二人が束になってかかっても、ナポレオン一人にかなわないのです。

そして、一八〇六年。神聖ローマ皇帝フランツ二世は退位します。この瞬間、実態はともかく形式的には、フランク帝国以来続いてきた帝国は消滅しました。三百諸侯は三十強に減らされました。

フランツは自分の所領はそのまま、新たにオーストリア帝国を名乗り、初代皇帝フランツ一世となります。フランツは最後の神聖ローマ皇帝にして、初代オーストリア皇帝なのです（それが嬉しいかどうかは別として）。

ところで。

著者自身も忘れてしまいそうですが、この本は「日独近現代史」です。日本のことを忘れてはいけません。

一応、まじめに解説しておくと、「日本の近現代史に興味がある人は、これくらいドイツのことを知っておいてくださいよ」という知識をまとめたのがこの本ですが、ドイツの場合はそれが多すぎて、日本のことを書く余裕がないのです……。

では、ナポレオン戦争のドイツと日本はどう関係があるのか。大ありです。

フランス革命・ナポレオン戦争の前後は、ドイツ観念論と呼ばれる哲学の全盛期です。イマヌエル・カント～ヨハン・ゴットリープ・フィヒテ～フリードリヒ・シェリング～ゲオルク・ヘーゲルの四人が代表的です。もっとも、今はドイツ人もカントとヘーゲルくらいしか知らないようですが。

昔はカントの「批判三部作」とかヘーゲルの『精神現象学』とか、代表作くらいは読んでないと恥ずかしいとされたものです。私だって、大学院生時代にカントの『永遠平和のために』とか、ヘーゲルの『歴史哲学講義』くらいは読みましたし（実にバカバカしくて楽しい経験だった）。フィヒテの『全知識学の基礎』は何が書いてあるか、さっぱりわかりませんでした。なかでも日本近代史を学ぶうえでもっとも重要な人物は、フィヒテです。

一八〇六年、イエナの戦いでプロイセンはナポレオンに大惨敗します。いとも簡単にベルリンを占領されてしまいました。のちにベルリン大学初代哲学教授になったフィヒテは、占領下でフランスに対抗するドイツ人の民族意識を駆り立てる講演をします。

フィヒテはドイツ語の大切さ、ドイツ語を話すドイツ民族の結束を訴えました。ナポレオン軍は講義中に太鼓を打ち鳴らすなどの嫌がらせをしていたようですが、無視しています。そして最終講義では、あらゆるドイツ人に祖国の回復を訴えます。フランスに屈してはならない、と。

この時、フィヒテがいたプロイセンも、オーストリア帝国も連戦連敗です。フィヒテが訴えたのはプロイセン国民のみならず、旧神聖ローマ帝国のドイツ民族全員でした。

日本でも『ドイツ国民に告ぐ』の書名で岩波文庫から出版され、戦前日本の旧制高校では全員が読んでいました。

そして我が物顔でヨーロッパを席巻してきたナポレオンに没落のときが訪れます。イギリスの封鎖に慢性的に苦しめられ、一八一二年のモスクワ遠征は大失敗に終わりました。オーストリアとプロイセンは、ナポレオンに無断で戦線を離脱します。無理やり服従させられ、ロシア遠征に駆り出されたので、チャンスがあれば裏切る気満々だったのです。これを機に、ヨーロッパ諸国は雪崩を打って対仏大同盟に合流しました。英露墺普の四大国は一丸となってフランスに総攻撃をかけます。

なお、このときフィヒテは従軍を申し出ますが、高齢を理由に後方勤務に回されました。小ピットはすでに亡く、外相はカッスルレーでしたが、イギリスの主導で第六次対仏大同盟が結ばれ、解放戦争を開始します。最後は数の力でナポレオンを押し戻し、フランスの首都パリを攻略しました。

第九節　「メッテルニヒ」――五大国によるウィーン体制

一八一四年、ナポレオンは退位し、ルイ十八世が国王に即位してブルボン王朝を復活させます。ナポレオン戦争の講和会議となる、ウィーン会議が招集されました。会議を取り仕切るのは、オーストリア外相のクレメンス・フォン・メッテルニヒです。

会議がロンドンでもモスクワでもなくウィーンで開かれたのは、ナポレオンを倒す決戦局面でメッテルニヒが二十万の大軍を動員して勝利の立役者となったことと、その見識が認められてのことです。

この会議は、リーニュ公爵というオーストリアの将軍が残した「会議は踊る、されど進まず」という言葉で知られます。この人、これ以外ではまったく歴史に登場しません。

メッテルニヒの嫁は、かのカウニッツ伯の孫娘でエリート中のエリートです。フランス革命の最中からイギリスで小ピットに反革命戦争の必要性を説くなど、優れた見識を示していました。また、ナポレオン優勢の時代には、ナポレオンとハプスブルク家の婚姻交渉を行いつつ、ロシア遠征以後は対仏大同盟結成工作などで、有能な外交官として働きます。

ここで、「嘘だらけシリーズ」不動のレギュラーで「我らが菊ちゃん」こと、石井菊次郎の登場です。菊ちゃんは『外交随想』で「メッテルニヒ公に就て」との小伝を残しています。評価は、「折衝は優れているが、経綸ではビスマルクやタレイランに劣る」です。厳しい！　ただ、それは菊ちゃんも「その二人と比べて」との条件付きですが。

　ウィーン会議の最中、ロシア皇帝のアレクサンドル三世がプロイセンと組んで次々と横暴な要求を繰り返し、「主義など関係ない。戦争の結果がすべてを決するのだ」と言い放った場面があります。それに対し、フランス全権タレイランは即座に「主義なき会議は無意味なり」と睥睨《へいげい》します。その瞬間、メッテルニヒとカッスルレーが会心の態度を示し、ここからは英墺仏の三国が露普に主張を飲ませる流れになりました。

　ここでいう主義とは「正統主義」を指し、フランス革命以前の状態に戻し、秩序を回復するという原則です。メッテルニヒの経綸をタレイランの交渉力で実現していくのです。敗戦国のタレイランがなぜ会議を仕切っているのかは『嘘だらけの日仏近現代史』を。

　この時、タレイラン六十歳に対し、メッテルニヒ四十一歳です。虚々実々の駆け引きで五大国は対立しつつも、自分たちがヨーロッパの、ひいては世界の大国であるとする秩序を形づくっているのです。

　この会議の最中、珍事がありました。ナポレオンがパリに戻ってきて、再び帝位に就いたのです。会議でケンカばかりしていた五大国は結束し、ワーテルローの戦いに挑みます。ワーテルローの戦いはイギリスのウェリントン将軍の功績に帰されることが多いのですが、プロイセンも頑張りました。

プロイセン軍の最高指揮官はゲプハルト・ブリュッヒャー。あだ名は「前進元帥」です。こんなあだ名がつくくらいですから、猪突猛進の猪武者。二重形容詞な気がしますが、そうとしか言いようのない人物です。ナポレオンが再びフランスに登場すると聞いた第一声が、「プロイセンにとって、これ以上の幸運はあり得ない！ もう一度戦争だ！ 軍が戦ってウィーンでしでかしたへまを取り戻すのだ！」です（以下、前進元帥に関しては、大木毅『ドイツ軍事史―その虚像と実像』作品社、二〇一六年）。それ、明らかに「プロイセン」を「オレ」に置き換えたほうが……。

若いころは、その粗暴をフリードリヒ大王に咎められて軍をクビになっています。ちなみに原因は、第一次ポーランド分割のときに反乱を唆した容疑の神父を処刑して民衆を威嚇しようとしたことです。

しかし、不思議と人望がある元帥で、ゲルハルト・フォン・シャルンホルストやアウグスト・フォン・グナイゼナウといった世界の軍事史で名参謀とされる部下たちに慕われていました。これは上司のハチャメチャをフォローするたびに参謀としての能力を向上させていったからとも言えますが。

前進元帥ことゲプハルト・ブリュッヒャー、ナポレオンと戦うたびに勝利を献上してきたのですが、遂に勝利する日がやってきました。と言いたいところですが、相手は天才ナポレオン。プロイセン軍の突出を見逃さず、切り札の皇帝親衛隊を投入。元帥は狙撃されて馬の下敷きになり、人事不省に陥ります。その時、副官がマントで金ぴかの元帥服を隠し、フランス軍が気付かなかったので、急いで後方に運ばれました。退却はグナイゼナウが取りまとめました。どこまで部下に恵まれてるんだ？　このジイさん！

意識を取り戻したジイさんは、イギリス軍を見捨てて退却すべきだとのグナイゼナウの進言を問答無用で却下、進撃を命令します。

これがマグレ当たりで、プロイセン軍が逆襲してくるとは思っていない追撃戦モードのフランス軍は不意を突かれ、ウェリントンの軍も合流するやらで一気に形勢逆転です。

それでもナポレオンの猛攻にイギリス軍は崩れそうになりますが、そこに前進元帥が突撃します。ウェリントンも逆襲し、遂にナポレオン軍が敗走を始めました。

そして前進元帥の一言。

敵に、立つことができる男と馬がいるうちは追撃を続けよ。

やったぜ、ジイさん！　じゃなかった、前進元帥ブリュッヒャー。てなことがあり、ナポレオンの帝政復古は百日天下に終わりました。かくして、ウィーン会議も終了し、ヨーロッパに百年ほどの平和がもたらされます。

ただし、ヨーロッパには平和がもたらされましたが、ヨーロッパ以外の世界は悲惨になっていきます。

我が日本国は江戸時代前期の三十年戦争に際し、「武装中立」が可能でした。ヨーロッパの誰にも文句を言わせない実力があるから、「鎖国」ができたのです。ところが、七年戦争に際し、スペイン領フィリピンのマニラがイギリスに占領されています。もはや、この時点で「鎖国」など無理だったのです。さらにナポレオン戦争中に、長崎でイギリス船がフェートン号事件を起こしたとき、江戸幕府は狼藉されるがままでした。

一八二三年、ベートーベンが交響曲「第九」を発表した前年、フィリップ・フォン・シーボルトが日本にやってきました。オランダ人と偽るのは、ケンペルと同じです。シーボルトは鳴滝塾という医学と蘭学を教える塾を開きます。日本人女性と結婚し、子供をもうけます。ここまではいいのですが、日本の地図を入手しようとしたことからスパイ容疑で強制退去を命じられました。

不穏な時代です。

はっきり言って、シーボルトはスパイです。ただ、スパイがすべて害かというと、違います。シーボルトはヴュルツブルク生まれでオランダに雇われ、雇い主に奉仕しているのですが、日本の国益のことも考えて動いてくれているのです。欧米の動きを分析し、オランダ政府を動かして幕府に鎖国の不可を説く国王勧告状を書いてもらったり、日本に開国を迫るアメリカやロシアが武力行使をしないよう工作したり、と。ちなみに開国してからは国外追放が許されて再来日して妻子と再会し、幕府の外交顧問に雇われたりクビになったりと忙しい人生を送っています。

話をヨーロッパに戻します。

なぜ、ナポレオンは強かったのか。原因はいろいろとありますが、革命以降の長い戦争を通じてフランスが国民国家になっていたからです。簡単に言えば、王様に金で忠誠を誓っている傭兵はすぐに逃げるけれども、国民軍は逃げ場がないので必死で戦うのです。ナポレオン戦争の前半まではフランス軍が優位でしたが、ほかの国が戦えるようになったのは徐々にフランス流の国民国家システムを導入したからです。ナポレオン戦争が終わったとき、ヨーロッパから傭兵がいなくなっていました。

ざっくり言うとこんな感じですが、話は簡単ではありません。国民国家化と国民軍の創設が本格化するのは、むしろナポレオン戦争が終わってからです。

プロイセンは、兵制改革で国民軍創設を試みます。シャルンホルストやグナイゼナウ、あるいはカール・フォン・クラウゼヴィッツら優れた教育者に恵まれ、プロイセンはヨーロッパ随一の陸軍強国となっていきます。プロイセン陸軍が国民国家ドイツの中核になっていくのは、次章の話です。ドイツ国民の、ドイツ軍による、ドイツです。

さて、「一つの国民、一つの国家」などと言われて困るのは、ハプスブルク家です。神聖ローマ帝国以来、ハプスブルク家は複数の民族を統治してきました。ハプスブルク家がこの時点で統治している地域を現在の国名で言うと、オーストリア、ドイツ、イタリア、ハンガリー、ポーランド、チェコ、スロバキア、ルーマニア、スロベニア、クロアチアにまたがります。民族がバラバラです。

そしてゲルマン民族以外の人たちもフランス革命で、自由の空気に触れました。ポーランドに至っては、ナポレオン時代に一時的に国の独立を回復しているのです。

だからこそメッテルニヒは、「反動主義者」と呼ばれるほどに、自由を求める声を弾圧し続けました。

そしてメッテルニヒの治世が三十年を超えた一八四八年、「諸国民の春」と呼ばれるヨーロッパ同時多発革命が起きます。ちなみにこの年は、カール・マルクスとフリードリヒ・エンゲルスの『共産党宣言』が発行された年でアブナイ空気が漂っていました。

二月、フランスで革命が起き、王制は打倒。大革命以来の共和政体が生まれました。

三月、ベルリンで革命が発生し、軍隊と暴徒が市街戦を行うまでになります。プロイセン政府は宥めるために、欽定憲法を発布します。大日本帝国憲法の基になったと言われることも多い憲法です（でも、実はそうでもありません。『帝国憲法物語』ＰＨＰ研究所、二〇一五年を参照）。

同じ三月、ウィーンでも革命が起きました。時の皇帝フェルディナント一世はメッテルニヒの罷免を迫られます。主敵とされたメッテルニヒは、ロンドンに亡命しました。

一八一五年の英露仏墺普の五大国体制は、ウィーン体制と呼ばれます。諸国民の春の後も、この五大国体制は崩れていないので、広義にはウィーン体制は健在です。しかし、メッテルニヒはウィーン体制の象徴のような存在と化していましたから、狭義にはここでウィーン体制が崩壊したと看做されます。

革命の波はロシア以外のヨーロッパ全土に広がります。イギリスですら政府打倒の暴動が起きました。

ただ、フランスの共和政体も数年でルイ・ナポレオン（ナポレオン三世）に乗っ取られます。すべての革命は、政府の勝利で終わりました。

十二月、フェルディナント一世は人心を抑えるために退位し、オーストリア帝国皇帝にはフランツ・ヨーゼフ一世が就きます。

悲劇の皇帝です。

第四章　ドイツ帝国

主な登場人物

フランツ・ヨーゼフ一世（一八三〇年～一九一六年）　ヨーロッパ史に残る働き者だが、日本の歴代天皇と比べると普通。

オットー・フォン・ビスマルク（一八一五年～一八九八年）　伊藤博文は「ビス公」と呼んでいた。

ヘルムート・フォン・モルトケ（一八〇〇年～一八九一年）　ドイツ統一戦争の立役者。有名なほう。

ヴィルヘルム・シュティーバー（一八一八年～一八八二年）　ドイツ統一戦争の立役者。無名なほう。

ヴィルヘルム二世（一八五九年～一九四一年）　カイザーといえば、この人。

セオドア・ルーズベルト（一八五八年～一九一九年）　テディベアの語源。右の人を「パイプドリーマー」と呼ぶ。

大久保利通（一八三〇年～一八七八年）　ビスマルクを尊敬していたが、実際に会うと考え込む。

伊藤博文（一八四一年～一九〇九年）　東洋のビスマルクと呼ばれた。英語は得意だが、ドイツ語は苦手。

桂太郎（一八四七年～一九一三年）　ビスマルクと脳みその大きさを競っていた。一人で。

陸奥宗光（一八四四年～一八九七年）　カイザーの手の込みすぎた陰謀までは読めなかった。

小村寿太郎（一八五五年～一九一一年）　カイザーの手の込んだ陰謀を逆用した。

石井菊次郎（一八六六年～一九四五年）　本書では、珍しく物悲しくなる前に登場。

概略図「大ドイツ主義と小ドイツ主義」

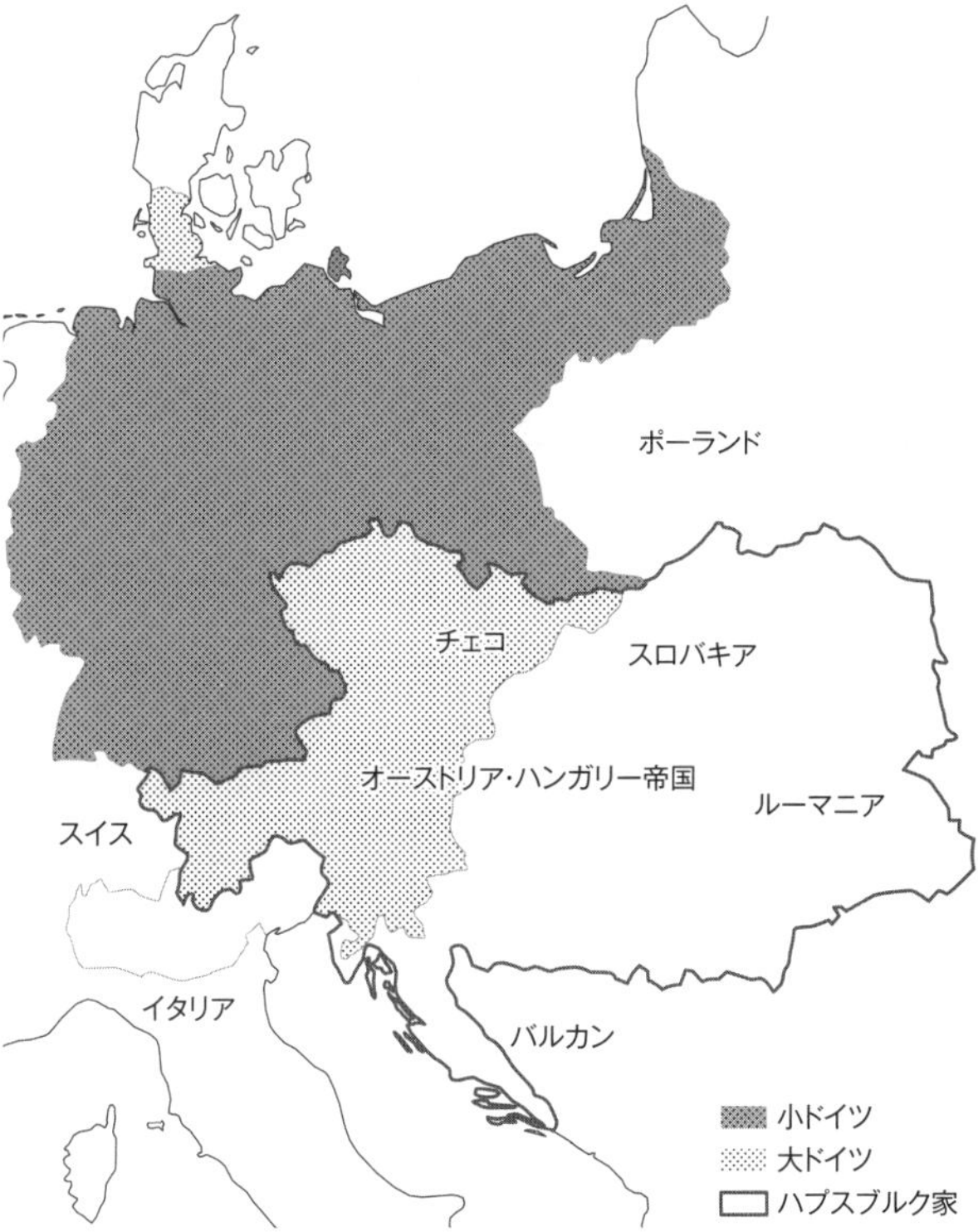

第一節　「フランツ・ヨーゼフ一世」――失政に次ぐ失政

ここまで読んできて、本書は『嘘だらけの日墺近現代史』ではないかと思った方もいると思います。再び「はじめに」で挙げた通説を見直してみましょう。

通説

ドイツの正式名称はドイツ連邦共和国。首都はベルリン。十六の州から成り、総面積は三五万七三八六平方キロ。人口は八二五〇万人。

ここまでの三章で、オーストリアこそが本来のドイツであり、今のドイツ連邦共和国など「どこから来たのだ?」というヨソ者にすぎないということが、おわかりいただけたと思います。「どこから来た?」と聞かれたら、「ポーランドの東の果て」と答えるしかありません。

本章からは、オーストリア帝国がドイツから叩き出され、ポーランドの果てからやってきたプロイセンがドイツを乗っ取る話になります。

ドイツから追い出されてしまったときのオーストリア皇帝が、フランツ＝ヨーゼフ一世です。この方の治世は、六十八年にも及びます。事実上の最後の皇帝ですので、ある意味でハプスブルク家を象徴するような人です。象徴みたいなものですから晩年は国民に慕われていましたが、じゃあ政治家としての能力はどうだったかというと、生真面目な無能者です。ついでに言うと、嫁が「不思議ちゃん」です。ヨーロッパ中をウロウロしてスキャンダルをまき散らすので、愛妻家の皇帝は頭を痛めていました。どこかの総理大臣殿にもそんな話があったような気がしますが。

さて、オーストリア皇帝即位の翌年、フランクフルト国民議会はプロイセン王をドイツ皇帝に推戴します。何を忖度したのか？　これは拒否されますが、いくらプロイセンが成長著しいとはいえ、天下のハプスブルク家を排除して皇帝の地位を奪おうとは、なめられたものです。

当時の欧州の五大国は、英露仏墺普。そのなかでオーストリアとドイツはドイツ民族の国です。三十あまりの諸侯が乱立するドイツ地方が一つの国にまとまれば英露の両超大国はともかく、フランスよりは強い国になります。では、誰がドイツを統一するか。

カトリックのバイエルンはオーストリアを、プロテスタントのザクセンはプロイセンを推します。バイエルンとオーストリアが南、ザクセンやプロイセンが北なので、南北対立でもあります。

ドイツ統一の盟主にオーストリアがなるべきだというのが大ドイツ主義、オーストリアを排除してプロイセンがなるべきだというのが小ドイツ主義です。

本来ならば、名門ハプスブルク家で問題はないのですが、オーストリアは内政に問題を抱えていました。フランツ・ヨーゼフが即位した事情からして、一八四八年革命のメッテルニヒ追放だけでは満足しない暴徒を宥めるために、先帝が退位したのです。

また、即位当初の統治も不安定でした。一八四九年、皇帝は憲法を制定するのですが、一八五一年の大晦日には廃止してしまいます。だったら最初から制定しなければいいと誰もが思うでしょう。しかし、フランツ・ヨーゼフは理想形を描いて邁進するタイプの政治家ではなく、目の前の課題をひたすらこなす行政官タイプの政治家でした。「あのときあんなことしないほうがよかったのでは?」と言われても、目の前のことしか見えない人なのです。

フランツ・ヨーゼフは自分自身が歯車となって、率先して朝から晩まで働きます。しかし、歯車を構成する機械全体を俯瞰する大局観を持ち合わせていないのです。「この歯車そのものが狂っているのでは？」という発想がなく、むしろ「もっと働けばうまくいくはずだ」と思い込む人なのです。結局、その歯車の仕組み全体がおかしくなっているので、働けば働くほど全体が狂っていくのですが。

皇帝陛下、我が日本国と関係があることでも、やらかしています。

通説

十九世紀半ばの日本。世界は科学技術や軍事力などに優れた欧米帝国主義先進国が席巻しているにもかかわらず、日本は江戸幕府の下で「鎖国」を続けていた。江戸幕府は時代の流れについていけず、「野蛮な外国と付き合いたくない」と「鎖国」を続けようとしたが、アメリカのペリー提督率いる四隻の黒船に怯え、渋々開国した。まさに蒸気船という最新鋭の技術、そして砲艦外交をも辞さない白人に恐怖したがための結果だった。もし「鎖国」を続けていたら日本が白人の植民地となっていただろう。その意味でペリーは「日本開国の恩人」とも言える。

栄えある第一作、『嘘だらけの日米近現代史』より引っ張ってきました。こういう大嘘を信じてまちがった歴史認識を持つから、日本人は外国に対していわれなき劣等感を持つのだという趣旨で始めたのが、「嘘だらけシリーズ」です。おかげさまで、少なからずの人が、こういう従来のまちがった「通説」に疑問を持ってくれるようになりました。

七年戦争の時点ですでに「鎖国」ができる条件は失われ、我が国は英露両超大国の脅威にさらされていました。一八三〇年代からの三十年間、世界の外交界はイギリスのヘンリー・パーマストンとロシアのカール・ロベルト・ネッセルローデの二大外交官の勢力争いで動いていたことも、「嘘だらけシリーズ」では何度も述べました。ロシアと最初に結べば、まちがいなくエスキモーがされたように呑み込まれてしまう。かといってイギリスと結んでも助けてくれる保証はない。むしろ、それを理由にロシアに呑み込まれるかもしれない。

そんなときに現れたのが新興国アメリカのペリーであって、日本としては渡りに船だったのです。さらに、当時のロシアはクリミア戦争の真っ最中で、イギリス船から逃げ回りながら日本に開国を求めているという状況です。そんなチャンスはめったにありませんから、日本の選択は否応なしなのです。

さて、そのクリミア戦争にはフランツ・ヨーゼフ一世もかかわっています。

ロシアは長年にわたりオスマン・トルコと角逐し、一八五二年には不穏な空気が漂っていました。しかし、英仏両国はロシアがトルコから領土を掠め取り、勢力を伸張させるのを望んでいません。一八五三年にクリミア戦争が開始されるや、英仏はロシアに敵対的行動を示し、遂にはトルコを助けるために参戦してきます。

そこで頼りにしたのが、長年の友好国であるオーストリアです。しかし、ここでオーストリアは最悪の選択をします。中立です。日本人は中立を「両方の味方」と勘違いしていることが多いので繰り返しますが、逆です。中立とは、「交戦当事国双方の敵」です。そしてクリミア戦争で、オーストリアは文字どおり「両方の敵」として振る舞います。味方してくれると思ったロシアは恨みに思いますし、英仏がバルカン半島方面に進出した際は兵を出して牽制しています。一八五五年三月には、ウィーンに和平会議を招集しますが、不調に終わります。孤立しているロシアに味方するわけにはいかない、バルカンに英仏をこさせるわけにはいかない、戦争が長引いているから大国の自分が講和会議を仕切らなければいけない。その場その場でそれなりの合理的理由はあるのですが、目の前のことしか見えていないのです。

結局、和平は一八五六年のパリ条約に持ち越され、英仏墺の三大国がトルコの領土保全に責任を持つと約束することで平和が戻りました。

かつてのメッテルニヒは、えげつない交渉をしながらも、世界をどうするかという明確な経綸がありました。政治家らしい政治家です。だから世界の外交史で今でも称賛されるのです。対照的にフランツ・ヨーゼフ一世は、徹頭徹尾、行政官でした。

なお、クリミア戦争中の五月十八日、プロイセンのクレタ号が箱館へ、その後に下田へやってきました。国交を求めてです。このときは話がまとまりませんでしたが、一八六〇年九月四日にオイレンブルクが品川へやってきて条約の調印を求め、翌年一月二十四日に日普修好通商条約が結ばれます。

一八六一年にヴィルヘルム一世がプロイセン国王に即位しますが、翌六二年七月二十一日に幕府の使節・竹内保徳が謁見しています。

この当時の普墺両国だと、どちらかといえばオーストリア海軍のほうが優勢なくらいなのですが、日本にやってくるのはプロイセンのほうが先です。こうしたことも、日本人にとって、ドイツといえばプロイセン、という印象につながっているのかもしれません。

フランツ・ヨーゼフ一世の失政は、まだまだ続きます。イタリアに負けてしまいました。

本書前半をお読みいただければ、ハプスブルク家は意外と戦争に弱くないと理解できるはずです。しかし負けるときは負け方が鮮やかなのと、フランツ・ヨーゼフ時代の連戦連敗の印象は強烈です。

イタリアといえば、「十二人以上の競技には向かない人たち」と評される民族です。芸術家や学者など個人の力量は優れていますし、バレーボールやサッカーも強豪です。そういえば、バレーは六人、サッカーは十一人です。ついでに言うと野球もヨーロッパ最強ですが、九人制のスポーツです。ところが十二人を超える競技は苦手です。もっとも苦手なのが、戦争です。苦手な戦争を外交官の個人技で補って生き残っている人たちなのです。

ところが、そのイタリアに負けた！

イタリアのサルディニア王国はクリミア戦争では英仏側に立って参戦し、統一の支援を求めるなど積極的な活動を繰り広げていました。一八五九年、オーストリアは独立を叩き潰そうとサルディニアに宣戦布告をしますが、ジュゼッペ・ガリバルディという英雄が現れます。山岳での狙撃戦が得意だったガリバルディは徹底抗戦し、オーストリア軍を苦しめます。

そうこうしているうちに、フランスのナポレオン三世までオーストリアに宣戦布告しました。ガリバルディらは、「イタリアか、死か」を合言葉に意気軒昂です。統一国家のイタリアができなければ死ぬ気で戦う、という決意です。

一八六一年、オーストリアがサルディニアによるイタリア統一を認め、戦争は終わります。オーストリアの威信は失墜しました。これは、ドイツ統一にも影響を与えます。

フランツ・ヨーゼフの失政は、これで終わりません。

第二節 「ビスマルク」――オーストリア以外のドイツを平定

一八六二年九月二十三日、オットー・フォン・ビスマルクがプロイセンの首相になります。ビスマルクはプロイセン主導によるドイツ統一、すなわち小ドイツ主義の実現に邁進します。別の言い方をすれば、オーストリア以外のドイツをすべて、プロイセンが平定するということです。

ビスマルクは現実主義者の典型のように言われ、事実その政治行動にいかなる幻想も持ち込まないのですが、ひとつ明確な理想を持っています。理想を持たず目の前の状況に流されるだけのフランツ・ヨーゼフとは、対極にある政治家です。ビスマルクこそが真の現実主義者で、フランツ・ヨーゼフ一世は「現状主義者」とでも評すべきでしょう。

さて、ビスマルクは就任直後の九月三十日、議会で「現下の大問題の解決は、演説や多数決でなく、鉄と血によってなされる」と演説しました。議会の全否定です。よくぞ議会で言ったという内容です。のちに「鉄血演説」と呼ばれ、ビスマルクの代名詞になりますが、そのとおりの行動をとります。ただ、この時点では「失言」扱いで、国王の「何を言ってんだ?」という冷ややかな態度に、罷免を恐れたビスマルクは慌てて弁明に駆け付けています。国王も、一度の失言で、首相を十日でクビにするのは忍びないと思ったのですが、その人が三十年間も首相に居座るのですから、不思議なものです。

さて、ヨーロッパ五大国のどん尻だったプロイセンを、英露両超大国も一目置く地位に押し上げたのはビスマルクです。それを支えた二人の人物がいます。

一人は、ヘルムート・カール・ベルンハルト・フォン・モルトケ参謀総長です。甥っ子も同じヘルムートなので、大モルトケと呼ばれることもありますが、小モルトケは大したことのない人物なので、単にモルトケといえば、こちら（伯父）を指します。モルトケは「訓令戦法」とか「委任戦術」と呼ばれる、現代でも世界中の国が模範にしている軍事組織（システム）を構築しました。

これは単純に言うと「分業」、本質を言うと「任せられる体制」を構築したのです。三十年戦争のグスタフ・アドルフらスウェーデンの歴代君主や七年戦争のフリードリヒ大王などは、自ら先頭に立って号令をかけて兵を率いていました。それがナポレオン戦争を経て近代的な国民軍の体系が整い、さらにモルトケが「任せられる体制」にしたのです。モルトケの時代、首相のビスマルクも、参謀総長のモルトケも、前線には出ません。極端な例ですが、戦闘開始の瞬間にモルトケは寝ていたこともありましたが、分業ができているので対処できるのです。

ビスマルクが目的を決め、モルトケは軍事に関して聞かれた場合だけ助言をする。また、前線指揮官の役割を決め、ビスマルクが決めた目的を達成するために必要な配置をする。その後は前線指揮官の裁量に任せる。具体的には、ビスマルクが「〇〇国と戦い勝つ」と決めれば、どれだけの兵力をいつまでに集めねばならないかを計算し、前線指揮官に随時配分していく。事前に作戦を決め、兵力を整えて、訓練し、開戦が決まれば実行する。ナポレオン戦争以後のプロイセンの兵制改革は、モルトケが完成させたのです。

ヨーロッパ最強、つまり当時の世界最強の陸軍を得たビスマルクは、「ドイツ統一戦争」に乗り出します。最初の標的はデンマーク（丁抹）です。

デンマークは三十年戦争で小国に転落し、ヨーロッパの政治にかかわることはありませんでした。しかし一八六四年、何を血迷ったかドイツ連邦内のシュレースヴィヒ公国とホルシュタイン公国の併合を宣言します。デンマークの右翼が身の程知らずにナショナリズムを煽り、暴走したのです。

当初からこの動きをつぶさに観察していたビスマルクは、見逃しませんでした。二月、オーストリアを誘い、シュレースヴィヒとホルシュタインの保護を名目に出兵します。普丁戦争の始まりです。あえてオーストリアを誘ったのは、あくまでドイツの問題であることを強調し、英露仏などの列強が介入する大義名分を与えないようにしたのです。

デンマークの実力からして普墺どちらか一国でも勝てなかったでしょう。それなりに健闘はしましたが、九か月で降伏に追い込まれます。十月三十日のウィーン講和条約でシュレースヴィヒとホルシュタインは普墺の共同統治となりました。

しかし、戦争が終わったときには次のことに着手しているのがビスマルクです。翌一八六五年八月、オーストリアとガスタイン条約を結びます。シュレースヴィヒはプロイセンの、ホルシュタインはオーストリアの分割統治としたのです。これは分割統治を嫌う現地住民の反発を招きますが、もめ事を起こすのがビスマルクの狙いです。

十月、フランスのナポレオン三世と会見し、現地の反対運動に介入しないことを約束させます。

一八六六年六月、ビスマルクはオーストリアに宣戦布告します。普墺戦争です。ただ、両国間の戦いではなく、ドイツ諸邦は両軍に分かれて戦っています。

プロイセンは敵に回ったザクセンを粉砕し、一方的に敵を蹂躙しながらオーストリアの首都ウィーンを目指します。あまりの迅速な移動にオーストリア軍はなすすべもありませんでした。プロイセン陸軍の真骨頂は動員と移動の素早さです。この時、モルトケは巧みに鉄道輸送を指揮したのですが、世界の陸軍の手本となっています。

八月、プラハ条約を結びました。あっという間に終わったので、その期間から七週間戦争とも呼ばれます。ビスマルクは、首都ウィーン攻略を進言するモルトケに珍しく耳を傾けず、寛大な講和ですませました。条件は、ナポレオン以来のドイツ連邦を解体し、オーストリアを排除、プロイセン中心の北ドイツ連邦の結成を認めることです。当時のドイツ連邦は、旧神聖ローマ帝国の諸邦、オーストリアとか、プロイセンとか、ザクセンとか、バイエルンの、単なる寄り合い所帯でしたが、そこからオーストリアを排除して、北ドイツ連邦を結成するのが、ビスマルクの要求でした。

フランツ・ヨーゼフはこれに飛びつきました。しかも、以後のプロイセンはオーストリアと「運命共同体」のごとき同盟関係を構築していきます。ビスマルクは「同盟は御者と馬の関係である」と豪語していましたが、プロイセンをドイツの盟主と認めるならオーストリアは都合のいい「馬」だったのです。ウィーンの宮廷にも、ビスマルクと手を切りイギリスやフランスと結ぶべしとの声もあったのですが、皇帝は死ぬまで取り上げませんでした。

ちょうど、日本が幕末動乱の最終局面に突入したころ、ヨーロッパはビスマルクが起こした動乱で、世界の果てのアジアのことなどに関心は持てなかったのです。

ところで、私事で恐縮ですが。私は修業時代、ビスマルクから第一次大戦にかけてのドイツ史に関し、別に専門家レベルの知識は無理にしても、最低限の教養はないと日本近現代史は語れないはずだと考えて、中山治一先生や尾鍋輝彦先生の著書をはじめ、主に概説書を読み漁りました。「そんなの、日本近現代史になんの関係があるの?」と、大学院で変人扱いされていましたが。

ここで皆さんは、「最低限の知識」というと、どのレベルを想像されるでしょうか。さすがに昭和史の研究者で、ヒトラーやスターリン、チャーチルを知らない人間は一人もいません。もはや一般教養でしょう。では「明治史の研究者は?」というとビスマルクは世界史の授業で習った記憶はあっても、具体的に何をした人かはよく覚えていない。ヴィルヘルム一世と二世の区別など、ちゃんとつく人が珍しいというレベルです。幕末研究者に至っては、パーマストンやネッセルローデ、フランツ・ヨーゼフ一世を知っている人に会ったことがありません。少なくとも、私が修業時代には「幕末外交史研究」に関する学術書に、パーマストンやネッセルローデは出てきませんでした。日本史の史料に出てこない名前は、無視していい。むしろ学術論文で書くな、という意味不明な掟があったようです。今は知りませんが。

無教養が専門家を名乗るほど恐ろしいことはありません。

第三節　「二重帝国」――オーストリア＝ハンガリー帝国という失敗

一八六七年四月、北ドイツ連邦が結成されました。しかし、ビスマルクにとっては一里塚です。オーストリアは排除し、飼い慣らしましたが、プロイセンがドイツを統一しようとすれば邪魔をする国があります。隣国のフランスです。ビスマルクの情報網はフランスに集中しました。

一方、ドイツから叩き出されたオーストリアは、別の道を模索します。六月、フランツ・ヨーゼフ一世はハンガリーに広範な自治を認めました。広範な自治というのは、外交と軍事とその両方にかかる財務のみを統一政府が行い、ほかはすべて自治を認めるというのです。ちなみに外務大臣が総理大臣の役割を果たします。以後はオーストリア＝ハンガリー帝国、または二重帝国と呼ばれます。

またまたフランツ・ヨーゼフ、やらかしてしまいました。こんなことをすれば、ハンガリー以外の民族も「自治権をよこせ！」と騒ぎ出すに決まっています。案の定、「三重帝国」を求める要求は、帝国内のあちこちで噴出します。とくに、ハンガリーは自分たちが事実上の政府を持った瞬間、チェコやスロバキアなどに対し今まで自分たちがやられていたとおりの圧政を行いました。またハンガリーのようなわがままをチェコにも認めると、「オーストリア＝ハンガリー＝チェコスロバキア三重帝国」にせねばならないのですが、現在ではチェコとスロバキアも別の国なのはご存じでしょう。フランツ・ヨーゼフがやったことは、ハンガリーの主張を聞いて目の前の解決をしたようで、実は根本的には深刻な帝国解体の種をまき散らしたことなのです。

ということで、面倒くさいので、今後も正式名称を無視して「オーストリア帝国」と呼ぶことにします。

ちなみに一八六七年九月は、カール・マルクスという狂信的な思想家が『資本論』という不吉な書物を刊行しています。ちょうどそのころ、日本では大政奉還が行われました。幕末維新の動乱は最終局面に突入し、大久保利通率いる新政府軍が、徳川慶喜を擁する旧幕府軍の息の根を止めました。戊辰の役です。

内乱に際し新政府は列国公使団に中立を要請し、英仏普米伊蘭の各国は同意しています。戊辰の内乱は二年続く掃討戦ですが、ひとつの珍事がありました。なんと、掃討される側の会津が、プロイセンに支援を求めていたのです。新史料が発見されて、ニュースになりました。「戊辰戦争でプロイセンに提携持ちかけ　会津・庄内両藩」（『朝日新聞デジタルニュース』二〇一一年二月七日）によると、ドイツの国立軍事文書館で発見された史料を東京大学史料編纂所で解読したところ、「新政府との戦いに苦しむ会津が蝦夷か日本海側の土地の売却を条件に、プロイセンに援助を申し出たところ、ビスマルクに却下された」という記事です。ちなみに、フォン・ブラント駐日代理公使は乗り気だったようですが、ビスマルクはフランスとの決戦を前に遠い異国のことにかかわっていられなかったとのことです。当たり前でしょう。

しかし、明治新政府の国づくりの初頭、プロイセンは何かとかかわります。一八六九年、日本は日普条約を改め、北ドイツ連邦と修好通商条約を結びなおします。ちょうどそのころ、榎本武揚が五稜郭に立て籠もっているのですが、プロイセンとの間で蝦夷入植を協定しています。この時、プロイセン人のゲルトネルに貸与した土地は、二年後に明治政府が代金を払うことで回収しています。ブラント公使は明治六年に性懲りもなく、「北海道植民地化計画」などを立てています。

ビスマルクはともかく、プロイセンというのは日本にとって付き合いの当初から厄介な国なのです。

さて、一八六九年。ようやくオーストリアとの国交が結ばれました。日墺修好通商条約です。この条約は「不平等条約の集大成」と言われ、教科書に書いてあるとおりの一方的な領事裁判権が認められていました。「日本人が外国人に犯罪をされても、日本の裁判にかけられない」という、あれです。裏では、イギリス公使のハリー・パークスが動きました。パークスが暗躍して、こんな不平等な条約をオーストリアに結ばせたのです。すでにイギリスなどと「最恵国待遇」を認めていますから、オーストリアとの条約はほかの国にも適用されます。幕末の江戸幕府が最初にアメリカと結んだのは、欧州の五大国と比べると各段に扱いやすいアメリカと結んでおいて、ほかの国にも同じ条件で通せると思ったからですが、イギリスのほうが一枚上手だったということです。嫌なやつです。

さて、これ以後のオーストリア＝ハンガリー帝国との交流を主題に『嘘だらけの日墺近現代史』なんて書こうとしたら、レルヒとミツコとカレルギーで終わってしまい、第一次大戦に突入します。

テオドール・エードラー・フォン・レルヒは、スキーを日本に伝えた人です。日露戦争後、日本の強さを研究しようと来日した陸軍軍人です。第二次世界大戦中、木っ端役人が「敵性用語の禁止」などと言い出したことがあります。野球のストライクは「よし一本」という感じで、間抜け極まりなかったのですが。スキー協会は「スキーはドイツ語だ。同盟国の言語だ」と断固はねつけました。残念ながらそのときのオーストリアはナチスに占領されていましたから「同盟国の言語」というのはまちがいありません。

ミツコ・アオヤマの日本人名は、青山光子。駐日代理公使だったハインリヒ・クーデンホフ＝カレルギー伯爵の妻です。フランツ・ヨーゼフ一世と話したことがある唯一の日本人でもあります。リヒャルト・クーデンホーフ＝カレルギーは次男で、青山栄次郎です。汎ヨーロッパ運動を提唱し、それが今のＥＵにもつながっています。

第四節　「ドイツ統一戦争」――裏の立役者シュティーバー

明治新政府が手探りで国づくりを模索している間、ヨーロッパではビスマルクがドイツ統一の総仕上げにかかっていました。

一八七〇年、スペインのブルボン家で後継問題が起こったとき、プロイセンのホーエンツォレルン家が次期国王を送り込むという話が持ち上がりました。結局これは流れ、ホーエンツォレルン家はスペイン王位を望まないことで譲歩しました。スペイン王家は、旧フランス王家の分家であるブルボン家が継ぐことで合意したのです。ところが、何でも利用するビスマルクは、これを大騒動にします。

七月十三日、この問題に関して送られてきたフランス大使からの電報を、まるでフランスがホーエンツォレルン家を侮辱しているかのような文章に改竄《かいざん》して、国王ヴィルヘルム一世に見せたのです。当然、国王は激怒。激しい外交言辞の応酬の末、あっという間の十九日にフランスから宣戦布告してきました。

ちなみに日本は、普仏戦争に厳正中立を守ります。それ以外あるのか、ですが。

開戦初頭の九月二日のセダンの戦いでフランス皇帝ナポレオン三世が捕虜になるなど、

プロイセン軍は連戦連勝です。南ドイツ諸邦も、次々と北ドイツ連邦に加盟します。プロイセン軍はフランスに侵攻、パリを占領しました。フランスは無政府状態の大混乱です。

オーストリアとその徒党を排除する形で北ドイツ連邦を結成し、フランスの介入を完全排除したうえで、オーストリア以外のドイツ諸邦すべてを呑み込んだ帝国を築く。ビスマルクの深謀遠慮は、ここに結実しました。

一八七一年元日、ドイツ帝国が建国されます。そして一月十八日、ベルサイユ宮殿鏡の間で、ドイツ皇帝の戴冠式を行います。事実上の加冠役はバイエルン国王。一番のオーストリアシンパだったやつにやらせました。ここにドイツ統一戦争は終わり、ビスマルクの悲願は達成されます。このときの光景を描いた絵画を見ると、ビスマルク、感無量といった顔をしています。

ところで、読者の皆さん、忘れたでしょうか。百七十年前の一七〇一年一月十八日は、プロイセンが王国に昇格した記念日です。この日は、あとでもう一度出てきます。

日本人が想像する「ドイツ」は、ここに誕生しました。神聖ローマ帝国を第一帝国とし、ドイツ帝国を第二帝国と呼ぶ場合があります。第一帝国は名前こそローマでしたが、途中から「ドイツ国民の」と冠がついたように、ドイツのことです。長らくオーストリア・ハプスブルク家が皇帝を独占してきました。ところが、そのオーストリアを追い出して誕生したのがドイツ帝国です。いわば「乗っ取り」です。

プロイセンがどんな人たちかは何度も述べました。ポーランドの東の果てから流れてきたよそ者です。もっとも、ポーランドに流れる前はドイツ南部にいたのですが。いずれにしても、本流ではない人たちです。乗っ取りで悪ければ、今のドイツはビスマルクの詐術で出来上がった概念です。

日本人にとって、出合った当初からオーストリアの影が薄かったこともあり、ドイツとはプロイセンとその後継者、つまりビスマルクの国なのです。

日本陸軍は当初、フランスを模範にしていましたが、普仏戦争でドイツに切り替えます。といっても、簡単ではないのですが。

一八七三年三月十五日、岩倉遣欧使節団がビスマルクに会っています。大使は岩倉具視、副使には木戸孝允・大久保利通・伊藤博文がいます。不平等条約を押し付けられ、条約を励行し、法制度を整え、文明国として認めてもらうことがもっとも大事だと考えていた日本人に、ビスマルクは親切に言い放ちます。「世界は弱肉強食だ。国際法など軍事力で曲げられる」と。

身も蓋もない剥き出しの本音ですが、聞かされた大久保ら明治政府の首脳を悩ませたようです。なにせ、世界の中心のヨーロッパで日の出の勢いの人物です。「ナポレオン」の名は江戸時代から日本でも有名で、幕末の天才用兵家として知られる大村益次郎をはじめ、多くの日本人の憧れでした。そのナポレオンの名を冠する後継者を軽く屠った人の言葉は重いのです。

さて、ビスマルクとモルトケは日本人にも有名ですが、ドイツ統一戦争のもう一人の立役者ヴィルヘルム・シュティーバーという人物をご存じでしょうか（以下、シュティーバーの活動については、柏原竜一『インテリジェンス入門　英仏日の情報活動、その創造の瞬間』ＰＨＰ研究所、二〇〇九年を参照）。

もともとシュティーバーは弁護士でしたが、反政府活動家に近づき頭角を現します。といっても、警察のスパイで、いつのまにか秘密警察の所長になり国王に取り入ります。政変により状況が変わるとロシアに亡命して、防諜機関の創設に努めます。こうした活動で、買収、脅迫、密告、裏切り、何でもありの男でした。ビスマルクは成り上がりで陰険なこの男を嫌っていましたが、使える男だと見做しました。そして対外情報、防諜、プロパガンダのすべてを掌握し、二十年にわたりビスマルクのために働くことになります。

普丁戦争では、シュティーバーの張り巡らした情報網により、デンマーク軍の脆弱なところが逐一報告され、ドイツ軍の快進撃に役立ちました。

普墺戦争の前には、シュティーバー自ら商人に身をやつしてハプスブルク帝国に乗り込み、戦場予定地すべての必要な情報を調べ上げて報告し、モルトケの舌を巻かせています。シュティーバーの情報をもとに侵入計画を練り、成功しました。シュティーバーは、さらに念を入れます。ポーランド人のエージェントを雇い、ナポレオン三世と行進しているロシア皇帝を狙撃させ、わざと外させました。そして裁判では買収した判事に無罪判決を出させます。これで露仏両国は険悪になり、両国とも普墺戦争に介入できません。

普仏戦争では、またもや自ら乗り込み、二十人の売春婦、千人のメイドを中核とする三万五千人のスパイ組織で、フランスの情勢を調べ上げます。戦争が始まったときは、シュティーバーの工作員が侵入を助けました。

表ではモルトケ、裏ではシュティーバーの活躍があり、ビスマルクはドイツ統一戦争に勝利します。

第五節　「曲芸師外交」――ビスマルクの経綸

さて、悲願のドイツ帝国の樹立を実現したビスマルクですが、前途は多難です。普仏戦争の過程でパリを攻略し、和議の条件として係争地のエルザス・ロートリンゲン（アルザス・ロレーヌ）を割譲させました。屈辱のフランスは復讐に燃えます。ドイツはそれに備えねばなりません。しかも、五十年は払えないだろうと課した賠償金は数年で完済、フランスの復活は脅威です。

そこでビスマルクは、〝キャラチェン〟を図ります。ドイツ統一戦争においては七年間で三度の戦争を行ってきましたが、これからは平和の守護者であると宣言したのです。実にうさん臭いキャラクターチェンジですが、意図はフランス封じ込めです。

当時の五大国は、英露独仏墺です。このなかで、大前提はフランスのドイツへの復讐心です。それに備えるには軍事力ですが、ビスマルクはオーストリアとの密着を強めます。独墺の運命共同体化を外交の基軸に据えたのです。当時の世界の覇権国家はイギリスで、ロシアが挑戦者の地位にあります。この両国はライバルです。また、英仏は世界中で植民地獲得競争をしています。「敵の敵は味方」で、露仏に組まれると挟撃されますから、悪夢です。この両国の同盟を阻止するために、ロシアを取り込もうとしました。ところが、露墺両国はバルカン半島の勢力争いで仲が悪い。

この複雑怪奇なパズルに対処することに、ビスマルクの残りの政治家人生は捧げられました。

さて、ここで例のあれを。

通説

ドイツ統一戦争以後のヨーロッパの外交界で主役となったのはビスマルクである。その類いまれな外交手腕で複雑怪奇な同盟網を構築し、フランスを孤立させ、ドイツにだけ都合がいい国際秩序を築き上げた。

まあ、結果論から言えばそのとおりなんですけど、やっている最中のビス公も大変だったんです。時系列で見ていきましょうか。

一八七三年、独墺露三帝協定が結ばれます。ビスマルクが仲介になり、露墺のバルカンでの衝突を避けようとしたのです。しかし、試練はあっという間に訪れます。

スラブ民族のセルビアとモンテネグロは、慢性的にオスマン・トルコと角逐していました。一八七五年ごろになると関係が抜き差しならなくなり、戦争に至ります。「ヨーロッパの病人」と評されたオスマン・トルコも、さすがにバルカンの小国で凶暴なだけが取り柄のセルビアやモンテネグロには負けません。ここに「スラブの盟主」を自任するロシアが介入します。一八七七年の露土戦争です。ロシアの介入に、オスマン帝国内で逼塞していたブルガリアも決起し、ロシアは怒濤の勢いで進撃します。

ちなみに、オーストリアはボスニア・ヘルツェゴビナの領有を条件に、ロシアに中立を約束しました。バルカンでは、中立を守ってやると領土請求権があるという不思議な慣習が存在します。理解できるものではないので、そういう事実があると理解してください。

そして一八七八年三月三日、サン・ステファノ条約を押し付けました。ブルガリアを独立させるだけでなく、オスマン帝国から奪った領土を与え、バルカン半島に広大な領土を持たせようとしたのです。これにイギリスとオーストリアが待ったをかけました。ロシアがバルカンに勢力を伸ばすのを阻止しようとしたのです。いわば「二国干渉」です。

こうした形勢を見て、「平和の守護者」「公正な仲介者」として名乗りを上げたのがビスマルクです。うさん臭い！

とにもかくにも六月十三日、ベルリン会議が招集されました。結果、ブルガリアは実質的な独立に等しい自治権が認められたけれども領土は縮小、という結果になりました。ドイツは英墺両国についたのです。ロシアとて、英独墺三国を相手にケンカはできず、涙を呑んで受諾するしかありません。七月十三日に結ばれたベルリン条約の実態は、「三国干渉」にほかなりませんでした。

ちなみに、この会議ではオーストリアのボスニア・ヘルツェゴビナへの管理権が認められました。フランツ・ヨーゼフ一世、ようやくマシな外交ができるようになったかと思えば、そこからがいけない。現地住民の抵抗に手を焼き、最終的に二十六万八千もの大軍を動員せざるを得ませんでした。たかが住民反乱の鎮圧に、何をやっているのだか。

一応、皇帝を弁護しておくと、この時、必死に兵制改革をしていました。しかし、主な民族だけで十もいるのです。それぞれ言語が違いますから、単純な号令を徹底するのも大変です。最終的に徹底できた号令は、八十語だったとか。ハプスブルクは傭兵の時代のほうが強くて、むしろ近代になると弱いのは、こういうところに理由があるのです。

さて、怒ったロシアは三帝協定を破棄します。これに対抗するためにビスマルクは、ロシアを仮想敵とする独墺防衛協定を結びます。しかし、弱小オーストリアとの同盟など気休めです。ロシアとの関係修復に気を使いました。バルカン半島は火薬庫と呼ばれ、どこで火がつき、どこに飛び火するかわかりません。一八八一年、独墺露三帝同盟を結びます。バルカンで墺露をケンカさせないのが至上命題です。独墺露で結びついていれば、露仏は組みませんので。

そう言いつつ、「いざというとき以外はロシアの友達」「いざというときだけはイギリスの友達」がビスマルクです。この時のイギリスは「光栄ある孤立」政策を採り、「同盟なvarどという煩わしいものは不要」という態度でした。世界の最強国がイギリスなのは事実ですから、ビスマルクはロシアと結びつつもイギリスのご機嫌を損ねないように振る舞っているのです。

一八八二年、ビスマルクは独墺同盟にイタリアを加えます。オーストリアとイタリアはイタリア統一戦争からずっと仲が悪いのですが、フランスを孤立させるために、引き込みました。独墺伊三国同盟がドイツ外交の基軸のようになりますが、ビスマルクがどこまで本気でイタリアの力を信じたかは疑問です。むしろ、ほかの利用価値を見いだしたようです。イギリスとの関係に使えると考えたのです。

一八八四年、アフリカ問題に関するベルリン会議を招集します。英仏の利害衝突が激しくなっていたので、調整が必要と考えられ、ビスマルクが仲介に乗り出したのです。ここでビスマルクは、アフリカ植民地にまったく野心を示さず、イギリスの現状は尊重しつつフランスの言い分も聞きました。何より、ドイツ自身が領土的野心を示さなかったので、英仏双方から信頼されました。

とくにダイヤモンドなど大量の資源の産地であるアフリカ中央のコンゴは、小国ベルギーに与える裁定をしました。英仏独、いずれが獲っても紛争の種になるので、あえてベルギーに与えたのです。より正確に言えば、国王レオポルド二世の私有地です。のちにベルギーの植民地になったときは、「人道的に扱われるようになった」と現地人が感謝するような悲惨な搾取をレオポルド二世にされたのだとか。

いずれにせよ、ビスマルクはヨーロッパのなかでの平和にこだわりました。理由は、いくつかあります。一つは、フランスの目をヨーロッパの外に向けさせれば、ドイツへの復讐が国策になることはないと考えたこと。そのためにはドイツが植民地競争に乗りださない必要があったこと。もう一つは、植民地は安全保障上の必要性はともかく、純粋な経済問題として考えると割に合わない存在であると考えたこと、これらが挙げられます。

ビスマルクの同時代、イギリスでは二大政党制が進展していました。ベンジャミン・ディズレーリに代表される保守党は、積極的に植民地を獲得しにいく傾向がありました。大英国主義と言われます。それに対して、四度首相を務めた自由党のウィリアム・グラッドストーンは経済的実益を重視しました。小英国主義と言われます。ビスマルクは後者に考えが近く、「小ドイツ主義」とも言われます。

ただ、ビスマルクの「小ドイツ主義」も、ベルリン会議での欲のなさで強調されますが、一貫しているわけではありません。一八八五年、ニューギニアに関する英独協定と西アフリカに関する英独協定を立て続けに結び、植民地経営に乗り出しています。

一八八七年、ロシアとの間に再保障条約を結びます。ロシアとは何回も、何重にも条約を結び、絶対に戦争にならないように、まちがってもフランスとは組ませないよう腐心します。となるとイギリスとのバランスが大変ですが、同じ年、同盟国のオーストリアとイタリアに、イギリスとの地中海協定を結ばせました。自分がイギリスと結べばロシアへの背信ですが、同盟国の墺伊が、「地中海の安定のために」という限定的な理由で協定を結ぶのならば、地中海に面していないロシアは文句のつけようがない。同時に、ドイツが立ち会うことでイギリスとも了解ができる。

彼の外交は、いつしか「曲芸師外交」と称されるようになりました。

以上、ビスマルクの主な外交行動を見てきましたが、実際にはスペインやルーマニアなど、小国も含めて無数の条約を結んでいます。確かに曲芸のようです。結果的にドイツ中心の秩序がヨーロッパひいては世界に形成され、フランスだけが完全に孤立しています。ほかの国から見たら、ビスマルク一人に振り回されているように見えます。

ビスマルクの治世において、ドイツ帝国は統一戦争で世界最強の陸軍を誇り、その後の平和な時期には飛躍的な経済成長を遂げて世界第二位の経済大国となり、大英帝国を脅かす勢いとなりました。

しかし、ビスマルクからすれば、ドイツの国益を守るためには平和の維持が必要で、とくにバルカン問題で対立するロシアとオーストリアをケンカさせないことに腐心しました。そして何より、ビスマルクがやっていることは、英露の両超大国の間でバランスをとることです。

覇権国である大英帝国と挑戦者であるロシアの間のバランサーがドイツでした。

ドイツ統一戦争が一八六四〜七一年、ちょうど幕末戊辰の動乱期に当たります。その後、ビスマルクによる平和がもたらされるのですが、まさに明治政府が国づくりに邁進していた時期です。ビスマルク抜きにして日本近代史を語るなど、不可能です。

ただし、ここでビスマルクのおかげでヨーロッパ列強が東アジアに関心を持てない時期だったので維新と新政府の国づくりが可能だった、などと言いだしては自虐がすぎます。同じ状況の末期清朝や李氏朝鮮は何をしていたのか。なんも努力をしなかったから滅んだのであり、明治政府は幸運をつかむべく必死の奮闘をしたからこそ生き残れたのです。「嘘だらけシリーズ」を通じて一貫して述べてきたことです。当時の末期清朝や李氏朝鮮は、今の日本そのものなのです。

第六節 「日清戦争」――カイザーの陰謀

ドイツでは、一八八八年を「三皇帝の年」と呼びます。三月九日、皇帝ヴィルヘルム一世が崩御しました。継いだフリードリヒ三世も六月十五日、在位わずか九十九日で崩御しました。五十六歳の若さでした。そして、その皇太子であるヴィルヘルム二世が即位しました。時に、二十九歳です。一年に三人の皇帝がいるので「三皇帝の年」です。

一八六二年にプロイセン首相に就いてから二十六年。長すぎるビスマルクの時代に倦怠感も漂い始めています。ビスマルクは長男を外相に任じていました。後継首相に育てるつもりか？　これではホーエンツォレルン王朝ではなく、ビスマルク王朝ではないか？　新帝の側近にはビスマルクを追い落とそうと、あることないこと吹き込む輩が増えています。

若き皇帝と老宰相が激突したのが一八九〇年です。議会に提出された社会主義者鎮圧法案をめぐり、二人の意見は対立します。はっきり言って、この問題自体はどうでもいいのです。どうでもいい問題で衝突せざるを得ない環境が醸成されていたのです。

ヴィルヘルム一世の時代、ビスマルクは皇帝と対立するたびに辞表を提出して譲歩を迫るのが常でした。ビスマルク以外にドイツを率いる人物がいないことをヴィルヘルム一世は理解していたので、決まって自分が譲歩して辞表の撤回を求めたのです。

ところが若き皇帝には通じません。むしろ積極的に辞表の提出を求められるような始末です。三月十八日、ビスマルクが提出したドイツ帝国とプロイセン王国の首相の辞表は、あっさり受理されました。

ここに三十年近くドイツと世界を牽引した大政治家、ビスマルクが退場します。その後、ビスマルクがドイツと世界の表舞台に登場することは、二度とありませんでした。

ビスマルクの生きざま、まさにドイツの法則のとおり「生真面目、勢いに乗る、詰めが甘い」でした。とはいうものの、まさか若造皇帝が本当に辞表を受け取るとは思わなかったでしょうが。

しかし、この瞬間、ドイツには清新な空気が流れたとか。ビスマルクを懐かしがる声がドイツにあふれるのは数年後です。

さて、一八九〇年といえば、明治二十三年です。森鷗外がドイツ滞在中の経験を基に書いた小説『舞姫』が発表された年です。そして何より、前年二月十一日に発布された大日本帝国憲法が、この年の十一月二十九日に施行されます。この日は帝国議会の開会日です。

しばしば帝国憲法は「イギリス型憲法をあきらめ、プロイセン・ドイツ憲法を模範にした」と評されます。この誤謬は前掲『帝国憲法物語』で詳述しておきました（二回目）。一言で言えば、そもそもプロイセン憲法もドイツ憲法も、イギリス憲法を模範としているので、イギリス憲法とプロイセン・ドイツ憲法の二択自体がナンセンスなのです。そして、初代首相かつ初代枢密院議長として憲法制定を主導した伊藤博文にもっとも影響を与えたのは、ウィーン大学のローレンツ・フォン・シュタインです（これも前掲『帝国憲法物語』に詳述）。

それはさておき、当時の日本人は知るよしもありませんが、ヴィルヘルム二世に日本は地獄の底に叩き落とされる一歩手前まで追い詰められることになります。

それは、ビスマルク更迭から三か月後の六月十七日です。ヴィルヘルム二世はロシアとの再保障条約を更新せず、失効させました。二十日には、帝国議会が常備兵力増強を可決します。国際社会に対し、ビスマルク外交を否定し、ドイツは力の論理で生きていくとのメッセージを発信したことになります。

これに敏感に反応したのがフランスです。早速ロシアに接近し、同盟交渉を進めます。正式な軍事同盟締結は一八九四年にもつれ込みますが、露仏両国とも、ビスマルクがのせた重しをドイツ自らはずしたのをいいことに、急速に接近しました。ビスマルクが恐れていた露仏同盟の成立です。

一八九四年といえば、明治二十七年。伊藤博文首相は、日清戦争を断行します。さて、日本近代史の通説以前の基本知識です。

通説

明治初年より日本と清は朝鮮半島の勢力をめぐり角逐し、とうとう抜き差しならなくなったので明治二十七年には日清戦争に至る。いざ戦ってみると、ドイツ軍を模範に鍛えた陸軍とイギリス軍を師匠と仰いだ海軍ともに連戦連勝、意外なほどの圧勝で翌二十八年には下関講和条約で遼東半島などの領土と多額の賠償金を得た。しかし、露仏独の三国干渉

で泣く泣く遼東半島を放棄した。

この説明に何ひとつ嘘はないのですが、この説明で歴史を理解した気になられては困ります。じゃあ、何のために三国は干渉してきたのか。

その後、ロシアが清国に圧力をかけて遼東半島に居座り、怒りに燃えた日本人は「臥薪嘗胆」を合言葉に復讐を誓い、十年後に本当に日露戦争になるので三国干渉の黒幕はロシアだと即断しがちです。

違います。日本史の史料だけ見ていても、そういう結論にはなりません。嘘だと思うなら、外務省外交史料館所蔵『遼東半島還附一件』全三巻をご覧ください。伊藤首相以下、当時の指導者はドイツが黒幕だとにらんでいること、しかしそれを公表しないという合意をして、ロシア黒幕説が流れるに任せていたことが理解できます。

別に、明治時代の一次史料を自分で読まなくても構いません。一般教養として当時の世界史の知識があれば、まちがった理解をしないでしょうから。

露仏同盟の成立で、ドイツの地政学的条件は一気に危険になります。そこで皇帝《カイザー》ヴィルヘルム二世は、ロシアの目を東方に向けようとします。そこでエサにされたのが、日本なのです。ロシアに対して、日清戦争で勝ちすぎた日本から獲物を取り上げようとし、露仏両国を誘ったのです。「東洋平和のために友人に勧告しよう」などと訳のわからない美辞麗句を並べたてながら。ついでに言うとイギリスも誘ったのですが、断られました。

ロシアは見事に飛びつき、日本の恨みはロシアに向きます。実際に日露戦争につながるのですから、ここまではカイザーの陰謀が成功したと言えるでしょう。ちなみに皇帝《ツァーリ》やロシアの政治家の回顧録をいくら読んでも、ドイツが黒幕だなどと出てくるはずがありません。自分が操られていると思われた瞬間、謀略は成立しません。カイザーとしては、ロシアがさも自分の意思で行っていると思い込んでもらわねば困るのですから。ところが、ロシア人の史料を持ち出して「三国干渉の黒幕はロシアだ」とか言いだす日本近代史家が後を絶たないので頭が痛いのですが。

ちなみに、陸奥宗光外相は「どうせロシアは干渉してきて、そのときには領土は返さねばならないから、多めにふっかけておけ」と考えていたと、回顧録の『蹇蹇録』に記しています。しかし、まさか日本とはなんの利害関係もなく、とくに恨みも買っていないはずのドイツが主導するとは、思ってもいなかったようですが。

第七節 「三国干渉」――世界史の転換

カイザー、やりたい放題です。

当時の五大国は、相変わらず英露独仏墺。独墺伊三国同盟と露仏同盟が緊張関係にあり、イギリスは光栄ある孤立を気取っています。ビスマルクの時代はヨーロッパの問題が五大国の関心事でしたが、カイザーが登場するや突如として東アジアが争点となりました。

すべて三国干渉が原因です。

私が尊敬する歴史家の一人である西洋史家の中山治一先生は「三国干渉で世界史が成立した」と評されています。卓見であると思います。何をもって「世界史」が「成立」とするかは、それぞれの歴史家の見識だと思いますが、私は三国干渉を世界史の成立とする見方に一理も二理もあると考えています。

その最大の根拠は、西欧と東亜が相互従属変数になったからです。というと難しい言い方ですが、要するに西ヨーロッパと東アジアのどちらかで起きたことが、もう一方にも影響を及ぼし、それが世界全体に関係してくるからです。

第二次世界大戦は言うに及ばずです。現代で事例を挙げると、冷戦期のアメリカは、ヨーロッパと東アジアの双方でソ連とにらみ合っていました。また、コソボ紛争が起きると、北朝鮮は不審船を日本によこし、中国の江沢民は法輪功を大弾圧して権力を強化しました。アメリカはコソボにかかりきりで、動けないと踏んだからです。東亜から西欧まで、世界がつながった起点が三国干渉だという見方は、重要だと思います。

話を十九世紀末に戻すと、西欧と東亜をつなげたのがカイザーです。カイザーは、トラブルを世界中にまき散らします。

一八九六年、クリューガー電報事件を引き起こします。カイザーは、イギリス軍を（一時的に）撃退した南アフリカ・トランスバール共和国のクリューガー大統領に祝電を送ったのです。当時イギリスはとくに敵対国でもなく、潜在的敵国の露仏を抱えて、カイザーは何がしたかったのか。

東亜では、ヨーロッパの列強から「眠れる獅子」と警戒されていた清国が、日清戦争の敗北で「ただのブタ」だとバレてしまいました。列強の草刈り場にされてしまいます。

ドイツも一八九七年、ドイツ人宣教師殺害を理由に、膠州湾を占領します。翌九八年には租借と称して巻き上げてしまいます。山東半島はドイツの勢力圏となりました。今でも青島山東ビールがドイツ味なのは、これが起源です。

一八九八年、ドイツは第一次艦隊法で海軍の拡張に乗り出します。アメリカ海軍のアルフレッド・マハン大佐が書いた『海上権力史論』という本を読んで、「世界を支配するには、大海軍だ！」と決意し、本当に天下の大英帝国にケンカを売る準備を始めるのです。

この年、セオドア・ルーズベルト（当時は海軍次官。あだ名はテディ）の主導で米西戦争が発生し、アメリカが圧勝します。キューバ、パナマ、フィリピンを得て、ハワイを併合しました。テディはマハンの理論どおりに海軍を拡張し、アメリカをアメリカ大陸と太平洋の地域大国に押し上げます。歴史的に仲の悪いイギリスとの了解も忘れていませんでした。

イギリスから見ればアメリカは「謀反人」「落ちこぼれ」「昔の下足番」なのですが、カイザーの挑発的な姿勢が、態度を変えさせました。信用ならない大国のドイツと、珍しく話がわかる指導者が出てきた新興国のアメリカ。どちらを取るかは言うまでもないでしょう。このころ、「英米は血の一体だ」などと白々しいキャンペーンがなされますが、本当に一体だったら言わんでしょう。

とにもかくにも、副大統領から大統領になり、アメリカの政治を指導したテディがいた間は、英米の友好は保たれます。それなりにですが。

テディは中米の国々からすれば「棍棒外交」の代名詞で、自分たちを一方的に侵略した相手です。それもこれも、元をたどればカイザーです。

一八九九年、カイザーも太平洋経営に乗り出し、落ち目のスペインからカロリン諸島とマリアナ諸島を購入します。オーストラリアなど南太平洋に植民地を持つイギリス、ハワイまで押さえ東太平洋を勢力圏としたアメリカを牽制しようとしているのです。

こうした動きを日本も見逃していません。米西戦争の観戦武官だった秋山真之は「英独代理戦争である」と喝破しています。

明治の日本人は目先のことではなく、世界中で起きていることすべてを自分に関係がある事件だと見做して、国策を考えていたのです。

第八節　「日英同盟」——日本のサバイバル術

一八九九年、イギリスは植民地である南アフリカの反乱に手を焼いていました。ボーア戦争です。これにカイザーは欣喜雀躍します。他人の不幸が三度の飯より好きな性格の人はいるものです。

翌年、清国で義和団というカルト宗教集団が暴動を起こします。暴動は波のように広がり、革命前夜の様相となりました。このカルト集団は外国人排斥を掲げ、首都北京に集まります。北清事変です。清朝政府は取り締まるどころか、義和団の尻馬に乗り、外国に対して宣戦布告をするような有様です。

日英米仏露独墺伊の八か国の外交官や駐在武官、そして民間人はバリケードを築いて立てこもり、凶悪な暴徒相手に籠城戦を繰り広げます。いわゆる「北京の55日」です。

この時、「嘘だらけシリーズ」不動のレギュラー、我らが菊ちゃんこと石井菊次郎も銃を持って戦いました。のちに「外交官として駆け出しのころ、血の洗礼を受けた」と回顧しています。

一九〇〇年六月二十日、義和団はドイツ公使のケッテラーを殺害します。外交官の殺害など、文明国の所業ではありません（民間人だからいいというわけではありませんが）。また日本公使館書記生だった杉山彬という人も殺害されています。

居留民救出のため、八か国は連合軍を編成します。もちろん主力は隣国の日本です。時の首相は四度目の組閣となる伊藤博文です。伊藤は桂太郎陸軍大臣に速やかな対応を命じ、連合軍は一気呵成に北京を攻略します。掠奪暴行を繰り返す他国軍に比して、日本軍は軍紀厳正で、チャイニーズすら日本軍の陣地に助けを求めにくる有様です。

大勢が決した後、ドイツ陸軍のアルフレート・フォン・ヴァルダーゼー元参謀総長が連合軍最高司令官として北京にやってきました。いまさら何をしにきたとしか言いようがありませんが。ビスマルク辞任後のドイツの首相の交代は激しく、後継首相の座を狙うヴァルダーゼーを遠方に追いやろうと、政敵が「今なら世界元帥になれますぜ」と耳打ちしたのを真に受けたとか。

北清事変が一段落した後も、ロシアは満洲に居座ります。また、日清戦争後は朝鮮の李王朝が清を見捨てて、ロシアを宗主国と仰ぐような有様です。日本からすると、東アジアはすべて敵です。しかも超大国のロシアが日本列島を狙っているわけです。

こうした状況をカイザーが見逃すわけがありません。そもそも、三国干渉はロシアが西のドイツではなく、東の日本に向かうように仕掛けた策謀です。

カイザーは、昨日までケンカを売るかのごとき態度だったイギリスに友好を呼びかけます。名目は、「清国での双方の権益を保障し合おう」です。十月十六日、英独協定が成立しました。揚子江協定とも言われます。こういうことをやりながら、第二次艦隊法で海軍拡張を決めるのだから支離滅裂です。一応、ドイツ国内の理屈を説明しておくと、海軍拡張方針に変わりはないが、中国大陸での権益擁護は個別の協定が必要だ、ということになります。イギリスはボーア戦争にかかりきりで、とてもアジアまで手が回らない状況なので、呑んだのですが。

カイザーは、「英独協定に日本を交え、三国同盟にしよう」と持ち掛けます。どういう風の吹き回しか？　ロシアがアジアで勢力を独占するのが嫌になったのか？　何を企んでいるかはわからないけれども、ロシアに対抗できる英独との三国同盟に、小国日本には乗らない理由がありません。

しかし、一筋縄ではいかないのがカイザーです。一九〇一年三月十五日、ドイツのベルンハルト・フォン・ビューロー首相は、「英独協定は満洲に適用せず」と議会で言明します。だったら、ロシアの脅威に対しなんの牽制にもなりません。

その三日後の十八日に英独同盟交渉が開始され、ほどなくして駐英公使が「日英独三国同盟」を正式に提唱するのですから、何を考えているのか。林董駐英公使の問い合わせに、イギリス外相のランズダウン侯爵は「英独協定は満洲にも適用」と回答しています。イギリスの思惑は、自国の権益を守ることだけではなく、ロシアの勢力拡大を抑えることです。ロシアに安全を脅かされている日本とも思惑が一致しています。三国同盟交渉は、のっけから波乱含みです。

六月二日、日本の首相は桂太郎に代わります。ビスマルク時代のドイツに留学した、生粋の陸軍軍人です。伊藤博文ら元老から見れば第二世代で、実力も当初は二流と思われていましたが、思わぬ大物でした。

前首相で筆頭元老の伊藤博文は、ロシアとの開戦を避けるべく行動していました。一方で桂太郎首相は、日英同盟に傾斜します。

さて、教科書に書いてある話です。

通説

伊藤博文は大国ロシアとの開戦を避けるべく自らロシアの首都サンクトペテルブルクに飛び、満韓交換論に基づく日露の協調を模索していた。ところが、元老山縣有朋の子分の桂首相は日英同盟に傾斜し、日露戦争が不可避となっていく。

平和主義者の伊藤の協調路線を好戦的な山縣と桂がブチ壊し、ロシアを怒らせたから日露戦争になったとでも言いたいのでしょうか。さらに何かの毒に汚染された歴史学者になると、「満韓交換論とは、中国の領土である満洲をロシアが、独立国である朝鮮を日本が我がものとする帝国主義的な解決法だ」とか言いだします。いずれにせよ、日本だけが悪いという結論は変わらないのですが。

当たり前の話ですが、伊藤と桂は役割分担をしています。ロシアからすれば、日本など歯牙にもかけない小国です。どだい、話し合いに乗ってくるわけがないのです。いずれ武力対決を覚悟しなければならない相手なのですから、イギリスを味方につけようとするのは当然です。仮にカイザーが何を考えていようとも……。伊藤はダメモトでロシアに和平を打診しているにすぎないのです。企業でも、社長が中身のあることをして会長がきれいごとを振りまく、というのは、よくある話です。ちなみに『日本外交年表並主要文書』という外交史家必携の史料集に、十二月二十三日に伊藤自ら日露協定交渉の打ち切りを通告したとあります。本当に筆頭元老の自分に黙って桂が出し抜いたのなら、こんなことしないでしょう。

一九〇二年一月三十日、日英同盟が結ばれました。桂内閣小村寿太郎外務大臣は、いつの間にかフェイドアウトしたドイツを無視して、日英同盟に邁進します。

日英同盟は、「一方が一騎打ちをしているときは中立を守り軍事以外の支援をする、他国が敵に加勢してきたら一緒に戦う」という内容です。露仏同盟も同じ内容です。だから、日英同盟と露仏同盟の世界大戦になりかねない同盟が結ばれたのです。まさに、日英と露仏の共倒れが、カイザーの狙いでした。だから、揚子江協定以来、手の込んだ交渉をしていたのです。

もっとも、英仏はそんなドイツの思いどおりにさせるはずがなく、日露の戦いには中立を守ろうとの密約交渉を進めます。これは英仏協商として結実します。

イギリスの思惑とて、「日本がロシアに嫌がらせをしてくれれば御の字」です。勝つとは思っていません。それでも小国日本としては、大ロシアに対抗するには日英同盟が必要だったのです。カイザーの陰謀だろうが、イギリスの性格が悪かろうが。

第九節　「桂太郎」――日露戦争とドイツ包囲網

日本としては、朝鮮半島に敵対的な大陸勢力が来ては、安全が保障されません。満韓交換論が拒否され、最後の代案として「朝鮮半島の北緯三十九度線以南には来ないでくれ」と懇願します。ところが、ロシアは一顧だにしません。むしろ、バルカン問題でオーストリアと妥協し、後顧の憂いを絶っています。アジアで戦争を行う気、満々です。

外交の交渉の余地なしと見た日本は、一九〇四年二月、ロシアに戦いを挑みます。日露戦争です。日本軍は、陸に海に、奇跡のような連勝を重ねました。すべて薄氷を踏む思いの勝利ですから、一度でも負ければ日本の運命はどうなったかわかりません。

伊藤博文や桂太郎は、ロシアが音を上げたところで講和に持ち込むしかないと、開戦当初から考えていました。英仏は、交戦当事国である日露の同盟国なので、和平の仲介をする資格はありません。本来ならば、ドイツの出番です。ところがカイザーは極めて信用ならない人物ですし、三国干渉以来のドイツ外交には誠実さのかけらもありません。そこで新興国アメリカのセオドア・ルーズベルト大統領に仲介を頼みました。大国がかかわる戦争を仲介するのは大国の証し。アメリカにとっても悪い話ではありませんから、テディは引き受けてくれます。

結果は、日本の勝利確定です。賠償金は取れず、領土もわずかでしたが、ロシアを北緯三十九度線どころか朝鮮半島から追い出しました。さらに日本は南満洲を勢力圏とします。戦争目的を、百点満点以上に達成しました。

三国干渉でドイツのエサにされて以来、十年もの間、臥薪嘗胆してきましたが、目標を達成しました。しかし、まだまだ安心はできません。いつロシアが復讐にくるかしれません。日露戦争を勝利に導いた桂太郎首相は、大外交家でもありました。右腕の小村寿太郎も、凄腕です。カイザーの動きを見逃しません。その愚かな動きを。

一九〇五年三月三十一日、まだ日露戦争の真っ最中です。カイザーはモロッコを訪問します。第一次モロッコ事件と呼ばれます。モロッコは地中海アフリカの西端の地で、フランスが虎視眈々と狙っていた土地です。そこをマーキングのごとく訪問したのです。

さらに、ドイツ議会は常備兵力増強法を可決します。

こうした動きが、英仏の懸念を招きます。もともと英仏協商は日露戦争で中立を守るための紳士協定くらいの意味しかありませんでした。両国は世界各地で植民地をめぐり利害が衝突しているので、日露戦争が終われば、また対立関係に戻ると見做されていました。ところがカイザーの行動が不信を招き、英仏協商は同盟として実体化していきます。

また、バルカン情勢も不穏になってきました。一九〇六年、オーストリア外相にアロイス・レクサ・フォン・エーレンタールが就きます。エーレンタールはバルカンにハプスブルクの版図を築かんと、触手を伸ばします。その動きがロシアを刺激します。ロシアは東アジアでの勢力伸張は、日本に南満洲までを認め、自分は北満洲に引き揚げることで妥協しました。日露戦争の結果であるポーツマス条約で決着を受け入れました。だから、今度は自分のお膝元のバルカンに目を向けたのです。

カイザーの策動で三国干渉以来十年間もアサッテの方向に向かっていましたが、ロシアにとってはバルカンのほうが大事なはずです。言うまでもなく首都サンクトペテルブルクに近いですし、バルカンには自分に助けを求めるスラブ民族の国家が多くあります。ゲルマン民族のハプスブルクや、イスラム教徒のオスマンとも勢力が角逐する場です。

こうした状況が重なり、一九〇七年にバタバタバタと三つの協商が結ばれます。日露、日仏、英露です。日英同盟と露仏同盟の四か国すべてが協商で結ばれました。四国協商です。

気づいてみると、独墺両国は英仏露三国に取り囲まれています。ついでに言うと、イタリアは独墺伊三国同盟など存在しないかのような行動をとり始めています。

気づきましたでしょうか。日本だけが安全地帯のドイツ包囲網が出来上がっていたことに。日本を餌にしたドイツに、見事に仕返しをしました。

ここで知ったかぶりのタワゴトです。

通説

日本人は外交音痴である。

桂太郎や小村寿太郎に言ってみろ！で終了です。最近はどうか知りませんが、「小村外交史」は日本外交の金字塔として外交官志望者は全員が習っていました。

時の首相は西園寺公望に代わっていましたが、西園寺内閣の林董外相は、桂と小村の路線を忠実に実践しました。西園寺は、元老全員と桂から、因果を含められています。日露戦争中から元老会議に呼ばれていました。林は日英同盟の際の駐英公使、練達ですから安心できます。

それにしても、ドイツとはハタ迷惑な国です。日本にとっても、世界にとっても。

第五章　ヴァイマール共和国

主な登場人物

アロイス・レクサ・フォン・エーレンタール（一八五四年〜一九一二年）　カイザーを地獄へ道連れに。

パウル・フォン・ヒンデンブルク（一八四七年〜一九三四年）　人気はあったが、あまり中身が伴わないカリスマ。

エーリヒ・ルーデンドルフ（一八六五年〜一九三七年）　参謀次長のくせに独裁者。

ウッドロー・ウィルソン（一八五六年〜一九二四年）「嘘だらけシリーズ」不動のラスボス。

グスタフ・シュトレーゼマン（一八七八年〜一九二九年）　ヴァイマール共和国でもっともマシな外相。

アドルフ・ヒトラー（一八八九年〜一九四五年）　こいつか共産党かの究極の選択で、ドイツ人は悩んだ。

松岡洋右（一八八〇年〜一九四六年）　親独派の代名詞だが、もともとは親英派。

ヨアヒム・リッベントロップ（一八九三年〜一九四六年）　あだ名は「シャンペンのセールスマン」。

概略図「ヒトラーの侵攻」

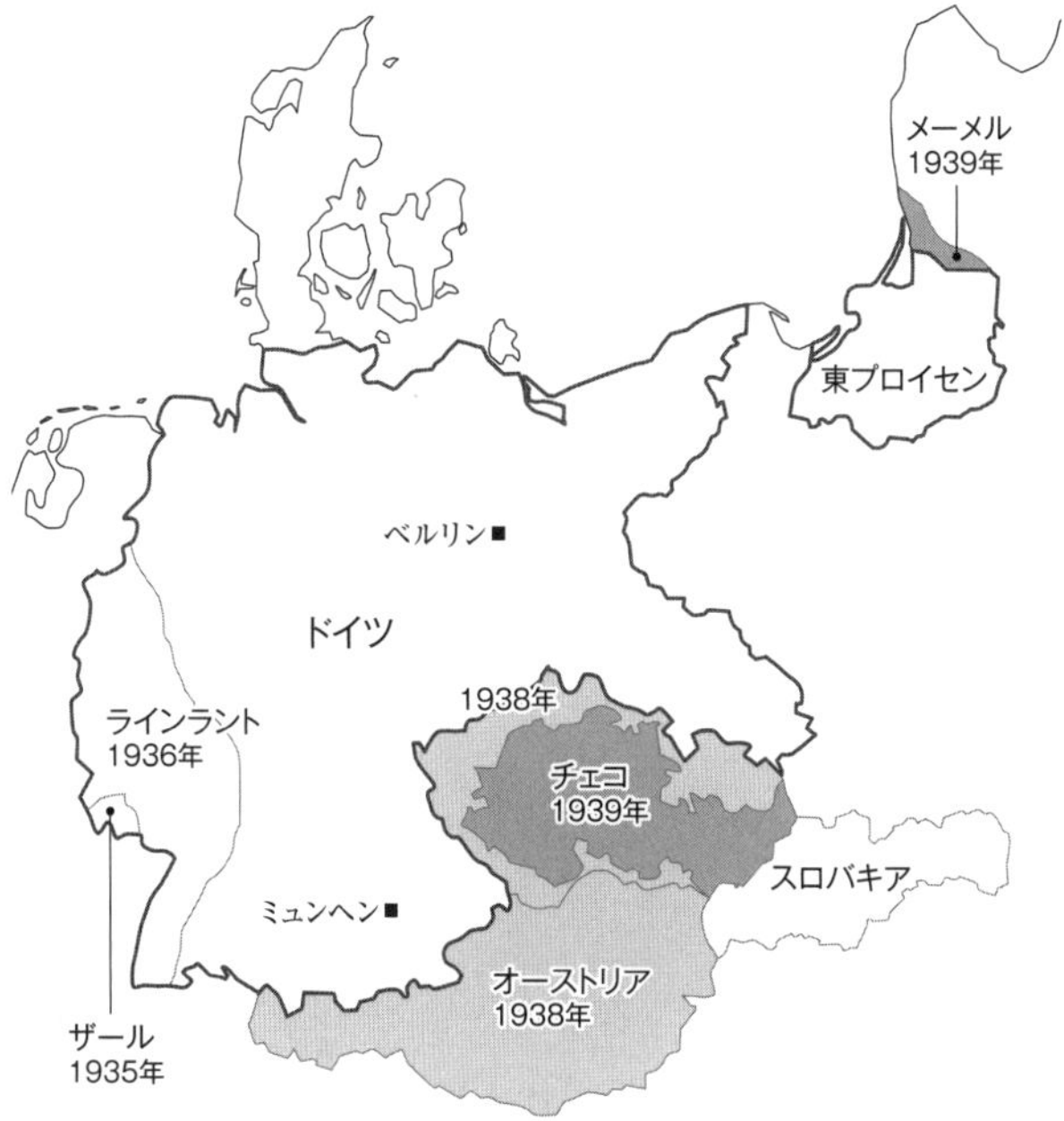
メーメル
1939年
東プロイセン
ベルリン■
ドイツ
1938年
チェコ
1939年
ラインラント
1936年
スロバキア
ミュンヘン■
オーストリア
1938年
ザール
1935年

第一節 「バルカン半島」――火薬庫の上で爆弾を投げあう

国家は悪によって滅びるわけではなくマヌケによって滅びる。

大体、国が亡びるときは、マヌケなことが繰り返されるものです。そして、アドリア海にはマヌケ菌が浮いていました。アドリア海の西にはイタリア半島、東にはバルカン半島があります。バルカン半島のマヌケ菌は北上し、ヨーロッパ全土を感染させ地獄に叩き落とします。

マヌケ菌は日本にもやってくるのですが、大正の日本人は免疫が強かったようです。一九〇七年、日英同盟と露仏同盟が結びつき、日本だけ安全地帯のドイツ包囲網が構築されます。もはやロシアの復讐を気にしなくてよくなりました。大正ロマンチシズムの薫りはこのころからすでに訪れています。別名は「平和ボケ」とも言います。ただ、明治の間は幕末から日露戦争までの動乱を潜り抜けた元老たちがいます。外交官も優秀でした。

日露戦争後、日本の勝ちすぎをアメリカは過度に警戒します。当時の日本は移民を大量にアメリカに送り込んでいましたから、経済摩擦・文化摩擦になります。黄色人種への差別的な観点から排斥を唱える声やら、日米戦争を煽る声すらありました。

そこで駐米大使の高平小五郎はセオドア・ルーズベルトの国務長官エリフ・ルートと交渉し、高平ルート協定を結びます。一九〇八年十一月三十日のことです。中身は、米西戦争でアメリカが得たハワイやフィリピンと、日露戦争で日本が得た朝鮮と南満洲を相互に承認することです。移民問題でも、日本が送り込む人間の数を制限し自粛することで、アメリカが容認することになりました。話がわかる大統領だったセオドア・ルーズベルトは任期切れで辞めることが決まっていましたから、駆け込みで成立です。

高平小五郎という人、司馬遼太郎の思い込みで無能者扱いされているのですが、実は超優秀な外交官です。「嘘だらけシリーズ」ですと、『日米』と『日露』をどうぞ。

ちなみに、首相には桂太郎、外相には小村寿太郎が返り咲いているときのことです。

さて、カイザーは日本人のことを「黄色い猿」と呼び、ヨーロッパ中に悪口を言いふらしていました。三国干渉では一方的にエサにされ、あやうく日本はロシアに殺されそうになりました。ところが今や、そのカイザーのほうが包囲されています。桂や小村はカイザーに言ってやりたかったでしょう。「ざまあみろ」と。

ドイツはビスマルク以来、オーストリアを「馬」として扱ってきました。しかし、今度はオーストリアに振り回されることになります。

日露戦争での敗北以降、ロシアはバルカンを主正面と見做し、オーストリアと衝突していました。教科書ではロシアの汎スラブ主義とオーストリアの汎ゲルマン主義の衝突とか書いていますが、バルカン半島の連中はそんな生易しくありません。何より、同じスラブのブルガリアとセルビアの仲がもっとも悪いですし、敵味方関係なんて一瞬で入れ替わる連中です。実態は、ロシアやオーストリアが小国の暴走に振り回されているのです。そしてそのオーストリアにドイツも振り回されます。ドイツはバルカンと国境を接しておらず、ビスマルクも可能な限りかかわり合いになるのを避けていたのですが、マヌケ菌がまき散らされてくるのです。

日本が安全地帯で安楽を謳歌している一九〇八年、欧州には火種がくすぶりはじめます。三月にドイツが艦隊法改正案で、英国との対決姿勢を維持します。八月にイギリス国王エドワード七世が海軍軍縮を呼びかけてきましたが、ドイツは拒否します。

七月にはドイツの友好国トルコで青年トルコ党革命が起きます。青年トルコ党とは、ドイツ人軍事顧問と組んでトルコを近代化させようとした人たちです。

ところがオーストリアのエーレンタール外相は、ドイツとトルコを出し抜きます。十月、ベルリン条約を根拠に軍隊を駐屯させてきたボスニア・ヘルツェゴビナの併合を宣言します。当然、形式的には現地の主権を有するトルコや、敵対国のロシアとセルビアは反感を表明します。ドイツも事前協議を受けていなかったので非難しますが、運命共同体のオーストリアを見捨てるわけにはいかず、最終的には支持せざるをえません。

同時にブルガリアも正式にオスマン帝国からの独立を宣言し、「ツァー」「帝国」を自称します。ブルガリアといえば露土戦争以来ロシアを後ろ盾にしているというのが国際常識ですが、バルカンに常識を求めるほうが非常識なのです。

一九〇九年、ロシアとイタリアはバルカンでオーストリアを仮想敵とする秘密協定を結びました。イタリアは英仏とも秘密協定を結び、独墺伊三国同盟から離脱します。もともとイタリアもロシアも、ビスマルクが無理やりオーストリアと仲よくさせただけです。ビスマルクさえいなくなれば、オーストリアと仲よくする義理がないどころか、敵です。ロシアとオーストリアは繰り返しバルカンで角逐していますし、イタリア半島北部の一部はいまだにオーストリア帝国領です。これを「未回収のイタリア」と呼んでいました。

一九一〇年、メキシコで革命が起きます。

一九一一年、アジアでは辛亥革命で清朝が滅びそうになっているとき、カイザーは再びモロッコを訪問し、フランスと一触即発になります。第二次モロッコ危機です。この紛争が四か月続いて仏独の妥協が成立した九月、イタリアはトルコからリビアを奪おうと宣戦布告します。伊土戦争です。この戦争は翌年まで続き、イタリアが地中海の向こう側のリビアを奪います。

一九一二年元日、中華民国が建国されました。

十月、ギリシャ、モンテネグロ、セルビア、ブルガリアのバルカン諸国は、突如としてオスマン・トルコに宣戦布告します。第一次バルカン戦争です。伊土戦争で弱っているトルコから領土を掠め取ろうという魂胆です。バルカン同盟で四か国を結ばせたのはロシアで、正教徒の大団結によりオーストリアの野心に対抗させようとしたのですが、真逆の方向のトルコに攻め込んでしまいました。このアンコントローラブルが、バルカンです。

独墺伊三国同盟（一応、表向きはイタリアも入っている）と英仏露三国協商は、ロンドンで対策会議を行い、何とか火の粉をおさめ、飛び火しないように努力します。

その努力が実り、一九一三年五月三十日のロンドン条約で和議が結ばれます。しかし、そのときにはすでにバルカン同盟諸国は次の戦争に備え動員をかけています。どの国も「分け前が少ない」と不満だったのです。

六月二十九日、ブルガリアがセルビアに攻め込みました。第二次バルカン戦争です。これにセルビア、モンテネグロ、ギリシャに加え、第一次戦争では中立だったルーマニア、それにトルコまでが参戦し、ブルガリアをリンチします。またまた六か国協議が行われ、八月のブカレスト条約で和議が結ばれました。

バルカン半島はヨーロッパの火薬庫と言われますが、小国が火薬庫の上で爆弾を投げあい、爆発しないように大国が抑えているような状況です。

日本以外の世界中が不穏でした。

第二節「第一次大戦」――マヌケの連鎖から大惨事に

隣国の辛亥革命とその後の動乱を横目に平和を謳歌している日本に、海の向こうから疑獄事件が飛び込んできます。日本海軍の高官が艦船購入をめぐりドイツのジーメンス社から賄賂を贈られた、汚職事件です。一九一四年一月二十二日の第一報から、政界は大騒動になり、時の山本権兵衛内閣が総辞職に追い込まれます。

六十二年後にも似たようなことをしていた気がします。ちなみにジーメンス事件と六十二年後のロッキード事件に関しては、『検証　検察庁の近現代史』（光文社、二〇一八年）をどうぞ。読んだ人は、「誰だ？　こんな、おどろおどろしい本を書いたのは？」と思うでしょうが、私です。

その本で書かなかったネタを一つ言っておくと、ジーメンス事件は、山本権兵衛を失脚させようとしたカイザーの陰謀で、それを知った平沼騏一郎検事総長が国益を守るために山本の関与をもみ消した。その論功行賞で山本が返り咲いたときに司法大臣にしてもらえたという話です（澤田東洋男『検察を斬る　検察百年の派閥と人脈』図書出版社、一九八八年）。この話、本当かどうか知りませんが、カイザーならやりかねません。検事総長が総理大臣に忖度して手心を加えるというのは、明治末年から日常的です。

日本国内で牧歌的な光景が繰り広げられているころ、ヨーロッパでは破滅の足音が近づいています。前章から通しての主役は、カイザーという代名詞を持つヴィルヘルム二世と、ハプスブルク家の最後を象徴するフランツ・ヨーゼフ一世。二人ともかわいそうな人でした。

ここまでヴィルヘルム二世の治世を見てきて、彼は小賢しい策謀を巡らせては失敗していることに気づきます。露仏を結ばせ、日英を結ばせ、露仏同盟と日英同盟を共倒れにさせようとしたら両方が敵に回り……。さらに、アメリカを味方につけようとしているのに、メキシコと二股をかけて、アメリカを敵に回し、メキシコも味方にはならないという失敗が続きます。

では、これがすべてカイザーの責任かというと、そうとも言えないのです。誰にも責任がない当時の体制にこそ、問題があったのです。というのは、ドイツの政治家は二十七年間もビスマルク一人に任せきりでした。そのあとでカイザーは「親政」を気取りますが、能力が伴いません。ついでに言うと、しょっちゅうドイツを離れるので、国内での影響力は大きくないのです。カイザーからすれば、政治をやっていても面白くないので、外国に逃げ出したくなるのです。結果、政治は官僚に丸投げになります。しかし本来、官僚は政治家が決めたことを実行するのであって、大事なことを決める政治家ではありません。カイザー時代のドイツは、官僚が好き勝手なことを主張して、場当たり的に動いているから、支離滅裂な国策になるのです。

ドイツの社会学者マックス・ヴェーバーは『職業としての政治』で、「最良の官僚は最悪の政治家である」と述べています。まさに、カイザー時代の政治を批判しているのです。フランツ・ヨーゼフ一世に至っては、自分自身が官僚のようなものです。目の前のことを処理しようと一生懸命になればなるほど、オーストリア帝国の状況は悪化していきました。そして、フランツ・ヨーゼフは家庭生活も不幸でした。

弟のマクシミリアンはメキシコで皇帝になったものの、革命派に銃殺されます。皇太子ルドルフは情死します（マイヤーリンク事件）。皇后のエリーザベト（あだ名は、シシィ）は夫の気苦労も知らず、そこら中をほっつき歩き世間を騒がせます。社交界で遊びまわるだけならいざ知らず、護衛を放り出して街中を本当にほっつき歩くような人です。あげくは暗殺されました。

そして、甥で皇位継承者のフランツ・フェルディナントも暗殺されています。ちなみに、本人は皇位継承者でしたが、子供への皇位継承は認められていませんでした。妻の身分が低く「貴賤結婚」とされたので、宮廷の反発で皇太子ではなく、皇儲（皇位継承者）とされたのです。ちなみに皇儲殿下、来日して回顧録も残しています。

第一次大戦は、何の必然性もなく発生しました。マヌケの連鎖から起こった、偶発的事件です。

運命の一九一四年六月二十八日、サラエボ事件が発生します。セルビア人の爆弾テロと銃撃によって、フェルディナント夫妻が殺され、世界中に戦争が連鎖しました。

この日、ボスニア・ヘルツェゴビナの州都サラエボを、皇儲夫妻がパレードしていました。六月二十八日は聖ビトスの日といって、セルビア人が大切にしている記念日です。こんなのは、バルカンを少しかじれば誰でも知っている知識なのですが、なぜよりによって、こんな日にパレードをしたのか。テロを察知した警備関係者は夫妻のパレードの道順を変えますが、そこに、セルビア人のテロリストがいました。爆弾が爆発する前に察知したのであれば、そこでやめておけばよいのに何を考えているのか。

最後、夫妻は銃弾の餌食となります。哀れなのは、フランツ・フェルディナントはセルビア人に融和的で、優遇政策を主張して宮廷で嫌われていたほどなのです。殺す必要のない人です。宮廷の貴族たちは、笑いをかみ殺しながら、セルビアに対する強硬論で固まります。皇位継承者へのテロなのでセルビア政府に最後通牒を突き付けることとなりました。

オーストリアは最後通牒を突き付けるということで同盟国のドイツに事前連絡しますが、カイザーは中身を確認する前に「白紙委任」します。こんな大事な話でなんてことを。バルカン半島は、すでに直近の二年で二度も戦争が起きている火薬庫です。カイザー本人も含めてドイツ人は死ぬほど後悔しましたが、あとの祭りです。

オーストリアの最後通牒は、セルビアが主権国家であることを否定する条項がズラリと並んでいました。さすがのセルビアもシャレにならない空気を察し、ほとんどを受け入れます。ただし、オーストリア人の判事を犯人の裁判に参加させろという要求だけは拒否しました。判決はオーストリアに悪いようにはしないと密約を持ちかけてのことではありましたが。

これをオーストリア政府は「誠意がない」と一蹴し、総動員令をかけます。同盟国のドイツも慌てて総動員令で追随します。これに対し、セルビアの後ろ盾のロシア、その同盟国のフランス、三国協商を結ぶイギリスも次々と総動員令で応じます。ヨーロッパの南東での出来事が、北西の独仏国境の緊張につながります。

双方の陣営とも戦争にはならず相手が折れるだろうとなめていましたし、たとえ戦争になったとしてもクリスマスまでに勝てるだろうと高をくくっていました。英仏露の三国協商は、独墺を挟み撃ちにしているので、油断していたのです

一方のドイツにも勝算はありました。ドイツ陸軍参謀本部は、アルフレート・フォン・シュリーフェン前参謀総長が作戦計画を残していました。シュリーフェン・プランです。要するに、ロシア相手の東部戦線では緒戦は最小限の防備で持ちこたえ、西部戦線では守りの堅い独仏国境を避けて中立国のオランダとベルギーを通ってフランスに侵攻し一気に踏み潰し、取って返してロシアを粉砕するという目論見です。これ、戦闘機と爆撃機と戦車と機械化歩兵(軍用車に乗った歩兵)がないと不可能なのですが……。むしろシュリー

フェンの意図は、露仏を同時に敵に回す愚を政治家に示すために策定したとしか思えません。実際の戦闘では、西部戦線で手間取り、一方、ロシアの守りのほうは弱かったのですが、そんなことはやってみなければわかりません。

シュリーフェン・プランは現職参謀総長の小モルトケによって変更されました。ロシアへの守りを増やし西部の攻勢に使う兵力を減らす、中立侵犯はベルギーだけにしてオランダは攻めない、です。現実の攻勢がうまくいかなかったので小モルトケは「お前が変更したせいだ」と長らく批判されたのですが、最近の軍事史の常識では元の計画自体が実行不可能だという点が理解されてきています。ただし、ベルギーを攻めればイギリスが自動的に参戦すると認識できていなかった点は、批判を免れません。

当時のベルギーは表向き永世中立国ですが、実態はイギリスの傀儡国家です。ドイツとフランスの間にあるベルギーは、独仏いずれにも極端に強い力を持たせないように挟んだクッションのような国なのです（そういう国を、緩衝国《バッファー》と呼びます）。さらに、ブリテン島とベルギーの距離は、対馬とプサンよりも近いのです。ベルギーが敵対的になれば、即座にイギリスの安全保障の危機です。

さて、ここまででいくつの偶然とマヌケが重なったでしょうか。どこにも必然はありません。必然で言うなら、英独は経済的に結びついていました。英独双方にとって戦うことは、莫大な経済的利益を失うことです。戦わない必然しかありません。

第一次大戦に必然性などありません。マヌケと偶然がもたらした悲劇なのです。

当時、第一次大戦はなんと呼ばれていたでしょうか？　当たり前ですが、やっている最中から「第一次」と呼ぶわけがありません。

ヨーロッパ人は、「Great War」と呼んでいました。「大戦」です。ちなみに「World War」という言い方もありました。直訳すれば「世界大戦」です。ここで言う「World」とはどこのことかというと、ヨーロッパのことです。では、それを日本人はどう呼んだか。「欧州大戦」です。事実、大日本帝国がヨーロッパの戦争を、世界に拡大させなかったのです。大正期の日本は、それだけ偉大な国だったのです。

一九〇七年以来、日本は国際政治の安全地帯にいましたが、大戦が始まると同盟国のイギリスや友好国の仏露から参戦を求められました。七月二十八日、オーストリアがセルビアに宣戦布告をします。これを皮切りに、八月三日までに英仏露三国はドイツと交戦状態に入っています。ドイツは東アジアと太平洋にも植民地を持っていますから、最強最大の地域大国・日本の力を英仏露が求めてくるのは当然です。

八月七日には、フランスが「日英同盟に入れてくれ」と言ってきました。当時の日本としては戦争のデメリットを一方的に背負い込むだけなので受ける理由はありませんが、もしこれが実現していたら、人類は今のような不幸にはならなかっただろうと悔やまれます。ついでに言うと、十日にはロシアも「交ぜてくれ」と申し出てきました。

それはさておき、八月八日、元老と政府は参戦を決定します。これを主導した元老は井上馨です。井上が筆頭元老の山縣有朋と首相の大隈重信に送った書簡は、大戦を「天祐」と断じています。慧眼です。実際、大戦を経て日本は名実ともに世界の大国となりましたから。

一方で、失態を繰り返したのが、大英帝国です。時の外相はエドワード・グレイ。よくこれでイギリスの外務大臣が務まったなと呆れるほどの無能さです。よりによって、欧州大戦という帝国未曽有の危機に、このような愚かな人物が外相を務めていた巡り合わせに、国家はマヌケによって滅びると改めて慨嘆せざるを得ません。

事実だけを時系列で示します。八月九日、グレイ外相、日本の軍事行動見合わせを希望。日独開戦の際は膠州湾占領に異議なきで合意。十日、グレイ外相、武装ドイツ船撃破の依頼を取り消す。日本は抗議。十二日、イギリスが戦地局限を条件に、日本の参戦を要請。

十三日、日本は戦地局限には同意も、宣戦布告文に記すのは拒否。グレイ外相、同意。十五日、日本、ドイツに最後通牒。十七日、イギリス、日本の戦地局限を無断公表。二十二日、加藤高明外相「戦地局限は忖度にすぎず」とイギリスに通告。二十三日、対独宣戦。九月二日、グレイ外相が日本に艦隊の地中海派遣を要請。十一月四日、ウィリアム・グリーン駐日イギリス大使、艦隊派遣を要請。日本、拒絶。十一月十五日、イギリスからダーダネルス海峡への派遣を要請。日本、同意せず。

要するにイギリスは、猫の手も借りたいので日本に助けてもらいたいが、日本が勢力を伸ばすのは嫌だという虫がよすぎる要求を繰り返しているのです。しかもグレイの方針も定まらないので、イギリス政府のやることはチグハグです。明々白々で言いわけ不能なイギリス外交の失敗です。これを日本外交の失敗と真剣に議論している日本外交史家の集まりに行ったときは頭が痛くなりましたが……。

アジア太平洋では大日本帝国の強さは圧倒的ですから、国を挙げての戦争などという大仰な感覚ではなく、ドイツ軍など日常的行政行為で事務処理をするがごとく駆逐していきました。グレイが愚かな外交を繰り返しているうちに、十一月七日には極東における青島要塞を攻略してしまいます。これでドイツは東アジアにおける根拠地を失います。

ついでに言うと、オーストリアにはなんの恨みもないのですが、ドイツと一緒に青島にいたので成り行きで交戦状態になり、八月二十七日に国交断絶しています。

ドイツは、いくら軍拡をしても海軍力では大英帝国に追いつけませんから、潜水艦による通商破壊という方法で対抗しました。通商破壊とは、敵の補給を絶つことです。Uボートという潜水艦による通商破壊に、イギリス以下連合軍は苦しめられます。ただし、太平洋ではドイツは何もできませんでした。言うまでもなく、大日本帝国がいるからです。カナダから地中海まで、無敵の帝国海軍が守っていました。ドイツは太平洋の植民地を日本に占領されています。

日本がこれほど強かったおかげで、欧州大戦は世界大戦にならなかったのです。

ただし、ヨーロッパは悲惨でした。ドイツが意外と健闘します。初動で主力をつぎ込んだフランス方面の抵抗が思いのほか強く、膠着状態に陥ります。お互いに相手の背後に回りこもうと塹壕を掘っていったら、最後は北海にまでたどり着くという有様です。「もう掘る土がない！」です。

一方、東部戦線では思いのほかロシアが弱体でした。そもそも帝政ロシアは、ほかの国が近代国家として歩んでいるときに、兵器以外まったく近代化させる気がない国でした。

しかも日露戦争でのダメージが回復しないところに、大戦争です。弱いに決まっているのです。

そして八月二十六日から三十日にかけて、ロシアはタンネンベルクの戦いで大敗を喫します。ドイツからすると、第二章以来百五十七頁ぶり、五百年前の恥を雪《すす》いだことになります。もっとも、本当のタンネンベルクの地と数十キロくらい離れていたので、国威発揚のプロパガンダとしか言いようがないのですが。その後の歴史に重要なのは、このときに指揮したパウル・フォン・ヒンデンブルク司令官とエーリヒ・ルーデンドルフ参謀長がドイツの国民的英雄になることです。日本にも不幸をもたらしますので、世界の歴史にも重要です。

クリスマスで終わるどころか、戦線の膠着で一九一四年は暮れます。大量破壊兵器の時代が到来します。

第三節 「石井菊次郎」――日本外交史の金字塔

一九一五年一月、ドイツは配給制と戦時統制を開始します。英仏などの連合国でも、戦争が長引くにつれ、国民生活は苦しくなります。

ここで日本近代史家の勘違いです。

通説

第一次大戦で経済力まで含めて国家の総力を動員する、総力戦が始まった。

これが本当だったら、ルイ十四世の時代からヨーロッパは総力戦をやっています。自らの総力を出すのが総力戦ではありません。大国が相手の総力を潰すまで戦うから、総力戦なのです。経済など、総力戦の一側面にすぎません。

本書をはじめ、「嘘だらけシリーズ」を読んでこられた方は、もうおわかりでしょう。「相手の総力を潰す」でピンときたでしょう。総力戦とは、近代以前の宗教戦争に逆戻りする思考回路なのだと。

ところが、これがわからないから、その後の悲劇が始まり、いまだに日本は総力戦に負けっぱなしなのです。例えば、日本国憲法制定は戦後の出来事ではなく、戦時中の出来事です。総力戦とは「相手の総力を潰すこと」という認識を持てないから、日本国憲法の押し付けが大日本帝国の総力を潰す総力戦の一環だと理解できないのです。総力戦という言葉は日常的に、プロ野球の試合などで「昨日は総力戦でした」などと使われます。意味がわかってないからこういう使い方になるのですが、もし本当にプロ野球の試合で総力戦が行われたらヤクルトスワローズが存在してはいけなくなる理由は、小著『誰が殺した？日本国憲法！』（講談社、二〇一一年）に詳述しておきました。

こうしたマヌケな誤解の元祖が、永田鉄山です。永田は昭和期に、ルーデンドルフの『総力戦』をみんなに読ませて「総動員体制」を推進していきます。確かにルーデンドルフは総動員体制の構築に大部を割いているのですが、「相手の総力を潰すのが総力戦」という本質は理解しています。官僚的なセクショナリズムと、ドイツ軍人特有の「自分の専門以外のことには触れない」という気質で、ほとんど触れていないだけです。ところが永田は、自らの総力を絞り出す総動員体制こそが総力戦なのだと誤読し、相手の総力を潰すのが総力戦であるとの本質を置き忘れてしまったのです。そして、永田のまちがった理解が国策になってしまいました。

第一次大戦には日本陸海軍は多くの観戦武官を送り、総力戦の実情を知っています。もはや戦場を決めて軍隊同士が戦い合うウェストファリア型の決闘のような戦争は過去のものとなっています。敵の生産拠点を攻撃し、前線も銃後も、戦闘員も非戦闘員も区別なく殺し合うのが総力戦です。日露戦争までの時代とは根本的に戦争のやり方が異なっているのです。ところが、その後はマトモな対応ができません。理由は「予算不足」です。ただ、予算をつけたら、マトモなことができたかどうかは別問題です。

というのは、明治までの尚武の気風が薄れ、大正特有の平和ボケがひどくなっているからです。筆頭元老の山縣有朋ですら、そうでした。

第一次大戦におけるドイツの意外な敢闘に、普仏戦争の後はドイツを模範にしてきた日本陸軍は歓喜します。敵国なのに。そして意外にだらしないイギリスを小バカにするようになります。同盟国なのに。初動のグレイ外交があまりにもひどかったこと、青島では日英連合軍で戦ったのですが、イギリス軍は「お客さん」以上の存在感がなかったことなどが理由です。こうしたことから、リアリストの山縣すらイギリスに不信を持っています。

なんか、日本はグダグダになっています。世界大戦に他人事です。

ここで登場するのが、我らが菊ちゃんこと石井菊次郎です。「嘘だらけシリーズ」不動のレギュラーで、たぶん私が褒めちぎらなければ、一部の外交史マニア以外忘れられていたであろう、偉大な人物です。御子孫の皆さん、なんかください。ちなみに、石井の母校である千葉県立千葉高校（旧制千葉中学）では、母校の偉大な人物として菊ちゃん、もとい石井先輩のことは語り継がれているようです（独自取材）。

開戦当初、菊ちゃんは駐仏大使です。ヨーロッパ情勢の情報をつぶさに収集分析し、本省にインテリジェンスを送り続けます。そのなかでもっとも重要なインテリジェンスが、一九一四年九月五日にロンドンで発せられた英仏露三国の単独不講和宣言です。石井は、「絶対に加入せよ」と強硬に主張します。その意図がわからぬ元老ではありません。首相の大隈とて外相経験者、外相の加藤だって邪魔はしません。

石井が内閣改造で外相に就任する直前の一九一五年九月二十三日、ロンドン宣言への加入を閣議決定し、即日通告します。十月十九日に加入し、三十日に公表しました。

この間、八月十日から十月十三日までは大隈が外相兼任ですから、まったくの石井主導で行われました。

単独不講和とは、「最後まで一緒に戦う。自分だけ逃げはしない」という意味です。実際、日本は第一次大戦で最後まで英仏と一緒に戦いました。これがあったので、戦後に大国として迎え入れられたのです。国内には、「ドイツの植民地は全部取ったし、さっさと講和しよう」というエセリアリストが少なからずいましたが、石井は抑え込みました。もし、あのとき、石井菊次郎なかりせば、です。

この話、私が言わないと誰も言わないので過去の著作との重複をいとわず強調しますが、石井菊次郎のロンドン宣言加入は、陸奥宗光の下関条約や小村寿太郎のポーツマス条約に優るとも劣らない、日本外交史の金字塔です。

なお、十一月三十日にはイタリアも加入し、十二月六日に五か国宣言として発表しました。戦場ではまったく勝っていないイタリアもベルサイユ会議に大国として招かれていますが、もちろんロンドン宣言が理由です。ロンドン宣言は、それほど大きな意味を持つのです。

ところで、生真面目な方は「イタリアは独墺と三国同盟を結んでいたのではないのか。いつの間に裏切ったのだ？」と考え込むかもしれませんが、そんな細かいことを気にしていたら読書のペースが落ちますので、流しておいてください。

ちなみに一九一五年の段階で、ドイツ、オーストリア、オスマン・トルコ、ブルガリアの四か国が「中欧同盟（中央同盟）」を組み、世界中を敵に回して戦っていました。最後は二十七か国と戦っています。といっても、西部戦線が英仏対独、東部戦線が独対露、アジア太平洋戦線は日本が掃討して平和な状態、というのが実態です。

一九一六年八月二十九日、ヒンデンブルクが参謀総長に、ルーデンドルフが参謀次長に就任し、ドイツ国防軍最高司令部を掌握します。英雄ヒンデンブルクが大衆の心をつかんで軍部（この場合は陸軍と同義）への支持を得、ルーデンドルフが政治家やほかの官僚機構に指図する、という体制です。「ルーデンドルフ独裁」とも言われます。開戦からドイツ陸軍は経済政策など政治に介入していましたが、このコンビは総理大臣の首のすげ替えまで行うようになります。

永田鉄山の理想郷です。昭和初期の軍人が負けたドイツを見習うのは、こうした「ルーデンドルフ独裁」をやりたくて仕方がなかったからです。勝った英仏は政治家が戦争を指導していましたから、陸軍としてはそれをやられては困るのです。

第一次大戦の最中から言論人の吉野作造は「負けているドイツの官僚独裁を見習ってどうする！　勝っている英仏の政治指導を教訓とせよ！」と主張していましたが、耳を傾ける人はいませんでした。

ところで、戦争中の一九一六年十一月二十一日、フランツ・ヨーゼフ一世が崩御しました。

オーストリアが始めた戦争なのにすっかり影が薄くなり、対露戦では「アルプスを移動中に戦わずして軍隊が消滅」などという、信じられない弱さを露呈していました。それでも不意打ちを仕掛けてきたイタリアを返り討ちにし、セルビアとモンテネグロでは滅び際の狂い咲きのように全土を蹂躙します。

モンテネグロの国名は、絶頂期のオスマン・トルコがバルカンを平定したときに彼らは国中に火を放って「どうだ、奪うものはないぞ、戦うか！」と恫喝して兵を引き揚げさせたのが由来です。日本語では「黒山国」と書きます。末期オーストリア帝国は、そうしたスーパーサイヤ人のような戦闘民族にも勝ちました。それになんの意味があるかは、知りませんが。

目的合理性はあるけれども、目的そのものの合理性を考えたことはなかったであろう、フランツ・ヨーゼフにふさわしい最期かもしれません。

良くも悪くも、ハプスブルク朝の最後を象徴する人物でした。後継者で、帝国最後の皇帝のカール一世など、誰も覚えていませんから。

第四節　「ウッドロー・ウィルソン」――狂人による悪夢

一九〇七年は立て続けに協商が結ばれたので、「協商の年」と呼ばれます。日本は、十年間は何も考えないで安楽に暮らせる国になりました。幕末の動乱を乗り越え、明治維新をやり切り、日清・日露戦争に勝ち抜いた、自分へのご褒美です。そして本当に十年間何も考えないに等しい生き方をしてきました。その十年後が一九一七年です。

次々と悪夢が起きます。

敗色濃厚なドイツでは、ルーデンドルフが気に入らない首相を次々とクビにしていきます。「まるで昭和期の日本そっくりだ」と言いたくなりますが、大日本帝国を滅ぼした愚か者どもは、これをやりたくて真似していたのだから、同じことになるに決まっています。ヴィルヘルム二世の治世で一貫して敵役だったドイツが不幸になるのは、自業自得です。しかし、カイザーよりも悪いやつが世界をかき乱すとなれば、話は別です。

二月一日、ドイツは正式に無制限潜水艦作戦を宣言します。「まだ宣言してなかったのか?」と疑問を持ちたくなりますが、これを理由にアメリカが因縁をつけてきます。四月六日、アメリカが連合国側に立って参戦しました。

ウッドロー・ウィルソンの思考回路は、「俺は救世主《キリスト》として人類を救うのだ!」です。自分のことをケンシロウだと思い込んでいるラオウ。でも、やっていることは「ジャギとアミバを足して百倍にしたようなもの」といったところでしょうか。ウィルソン、イカれてるのですが、れっきとしたアメリカの大統領です。全人類がこいつ一人のせいで不幸に叩き落とされます。ちなみに、ケンシロウとかラオウ、ジャギとかアミバといった教養人の常識に属する単語がわからない人は『北斗の拳』というマンガを読んでください。日本の古典です。

アメリカ軍、元気なだけで実はあまり大して役に立っていません。その証拠に、アメリカ軍が参戦しても、ドイツ軍が劇的に崩壊するということはありませんでした。それでも実際の戦場に勝利の瞬間にいたという事実は大きく、大戦後の発言力は超大国並みとなってしまいました。

英仏露は本当は日本に助けてもらいたかったのです。石井菊次郎などは、一年という短い外相在任期間に、日露協商を事実上の同盟に高めています。菊ちゃんは「ロシアを支えよ！」と方々で絶叫して回っていました。しかし、そこがなんの政治的力も持たない単なる職業外交官にすぎない石井菊次郎の限界です。

ヨーロッパ史を中心に外交や国際政治を熟知している石井は、世界で何が起きているのか、そして日本が何をなさねばならないかを熟知しています。しかし、石井のような見識の持ち主は少数なのです。みんな、さっさと英仏の戦争への付き合いをやめたいのです。ロンドン宣言の意味など、庶民どころか軍人や官僚だってわかっていません。一九一五年に死去した井上馨が、もう少し長生きしていたら話は違ったかもしれませんが、石井の見識が生かされる機会は加速度的に失われていきます。

英仏は、何度も日本海軍に応援を要請してくるので、申し訳程度に軍艦を地中海まで送りました。それでもスエズ運河を守って補給が絶ち切られそうな連合軍を救い、マルタ沖の海戦ではオーストリア海軍との交戦で戦死者を出しています。問題は、そうした行動を外交に生かす意思と能力が日本政府になかったことです。

日本の指導者層の平和ボケは、まだまだ続きます。

一九一七年といえば、二度にわたるロシア革命です。三月革命で皇帝は退位に追い込まれロマノフ朝は滅び、十一月革命ではウラジミール・レーニン率いるボルシェビキが権力を奪取してしまいます。三月革命の段階ではロシアはロンドン宣言を守っていましたが、レーニンはドイツとの休戦に応じます。戦争継続で民衆が苦しんでいましたから、レーニンはそこにつけ込んだのです。

共産主義とは、「世界中の政府を暴力で転覆し、世界中の金持ちを皆殺しにすれば、全人類が幸せになれる」という幼稚極まりない思想です。そんなアブナイやつが、ロシアという国を乗っ取ってしまいました。今で言うと、イスラム国と称するテロリストどもが中国を乗っ取ったような感覚でしょうか。

英仏は恐怖で総毛立っているのですが、ほとんどの日本人はピンときていません。君主制を廃止することがライフワークのようなウィルソンに至っては、大喜びする有様です。

一九一八年に入ると、悪夢が連続します。

一月八日、ウィルソンは十四か条宣言を発します。

その内容は、英仏日にケンカを売り、ハプスブルク帝国とオスマン・トルコ帝国を八つ裂きにし、レーニンを庇うというものです。英仏日に植民地解放を要求し、ハプスブルクとオスマンには領土解体を突き付け、レーニン政権の領土保全を訴えています。アメリカにとって本来、英仏日は味方で、レーニンは裏切り者です。そして敵とはいえ、ハプスブルクやオスマンを解体したらどうなるか。ウィルソンの戦後秩序構想とは、同盟国の利益を失わせ、凶悪な敵を育て、世界中に民族紛争をまき散らすことです。

三月三日、レーニンのソビエト・ロシアは、ドイツとブレスト・リトフスク条約を結びました。事実上の降伏です。しかし、レーニンはドイツの崩壊は近いと読んでおり、一時的にしのいで生き残ってさえいれば、領土の割譲くらいならあとで取り返せると踏んでいるのです。いずれにせよ、戦争をやめないと自分のようなよからぬ企みをする輩が出てきかねませんから。また、最近の研究では、レーニンはドイツに大量の工作員を送り込み、内部崩壊させる工作を仕掛けていたことがわかってきています。

そんな工作があることはドイツも承知で、とにかく二正面作戦をやめたかったのです。こうして、ドイツは東部戦線の兵をすべて西へ振り向けることができるようになりました。ドイツはルーデンドルフ大攻勢と呼ばれる最後の攻撃を仕掛けます。しかし、英仏米は必死に持ちこたえました。もはやドイツは万策尽きました。

十月三日、バーデン公マックスがドイツの首相に就任します。翌日、マックスは十四か条に基づく和平をウィルソンに持ちかけます。二十三日、平和の使徒を自称する男からの返事がきました。

ウィルソンは、「軍国主義と王朝的専制主義の除去」を求めてきます(成瀬治、山田欣吾、木村靖二『世界歴史大系 ドイツ史3 1890年~現在』山川出版社、一九九七年)。

これでは「勝利なき平和」どころか、「死ね」と言うに等しい返事です。おわかりでしょうか。これが総力戦の本質です。勝った側が負けた側に憲法の変更を要求し、自分が望む政治体制につくり変えるのです。ダグラス・マッカーサーだって、ウィルソンの落とし子なのです。

絶望したドイツ軍は、突撃命令を出します。もはや、この段階では自殺行為以外の何物でもありませんが。

十一月三日、出撃命令を拒否した海軍の兵士たちが反乱を起こしました。キール軍港事件です。これにはレーニンやイギリスも裏でかかわっていたらしいですが、そこが本質ではありません。いくら他国が工作しようが、自分さえしっかりしていれば操られることはありませんから。

十一月九日、カイザーは退位します。十一日に休戦協定が結ばれました。

本物の悲劇は、これからです。

第五節　「ヴァイマール憲法」――敗戦と憲法

もし、今この瞬間の日本が外国との戦争に負けたとしましょう。

その次に起こることは？

- 安倍晋三首相、天皇陛下の退位を発表して辞任。
- 枝野幸男、国会議事堂の窓からデモ隊に共和国を宣言。のち首相に。

・岡田克也、大統領に。

・志位和夫、日本社会主義革命議会共和国を宣言。

・東京でゼネスト。すべての交通機関が止まり、産業がマヒ。

あり得ない話ではないでしょう。

幸いなことに我が国は、一度しか外国との戦争に負けたことがありません。そのとき、外国人は日本のエンペラーはどこの国に亡命するのだろうと想像していましたが、昭和天皇は国民を見捨てて逃げたりはしませんでした。それどころか、自分の命はどうなってもいいと、国民を守ろうとしてくださいました。ありがたいことです。

今の陛下も同じでしょう。東日本大震災の原発事故で東京がパニックになり、多くのエリートが「陛下も逃げた」などとデマを流しながら逃げ出すなか、天皇陛下は国民を見捨てずに東京に残られました。畏れ多いことです。

しかし、これは日本では普通かもしれませんが、世界的には驚異です。日本の普通がすごすぎて皇室のありがたさがわからないのですが、外国では戦争に負けた王族は亡命すると相場が決まっています。そのために財産を世界中に分割して管理しています。

さて、一九一八年十一月九日、カイザー退位後の動きです。

・バーデン公マックス首相、皇帝退位を発表して辞任。
・フィリップ・シャイデマン、帝国議会議事堂の窓からデモ隊に共和国を宣言。のち首相に。
・フリードリヒ・エーベルト、大統領に。
・カール・リープクネヒト、社会主義レーテ共和国を宣言。
・ベルリンでゼネスト。すべての交通機関が止まり、産業がマヒ。

たとえ話がわかれば、解説は不要でしょう。地獄のような大混乱がドイツを襲います。十一月十日、もはやカイザーではなくなったヴィルヘルム二世は、大戦で中立国だったオランダに亡命します。ヴィルヘルム二世は、ドイツ帝国の皇帝をやめてもプロイセン国王は続けられるとの淡い望みを抱いていましたが、不可能と悟るや、さっさと逃げ出したのです。ドイツ帝国にはプロイセンを筆頭に約二十名の王侯がいましたが、完全な共和制となり、君主は一人もいなくなります。

思えば、ヴィルヘルム二世も「ドイツの法則」に当てはまります。生真面目かどうかはともかく陰謀が大好きで、勢いには乗りました。我が国をはじめ、いろんな国がひどい目に遭わされています。しかし、詰めが甘すぎる。

ここまでくると「ざまあみろ」とは言えなくなります。

隣のオーストリアでも皇帝カール一世が退位し、ハプスブルク王朝が滅びます。オーストリアは四分の一にまで領土を縮小され、ゲルマン民族を除く諸民族が雨後の筍のように小さな国をつくっていきます。ロシアでも帝政は転覆させられ、凶暴なレーニンが猛威を振るっています。オスマン・トルコ帝国も過酷な降伏条件を突き付けられ、今のトルコ共和国に当たるアナトリア半島以外のすべての領土を失いました。ついでに、清朝も滅びて建前は共和制になっています。

この状況を狂人ウィルソンは、「次は日本の天皇だ」と喜んでいました。だから、日本は同盟国だっての!! という説教が通じるくらいならウィルソンは最初から狂人ではないわけで、仕方がないので世界で唯一コイツのお守りができる我らが石井菊次郎子爵が、特使に、次いで駐米大使としてアメリカに赴任することとなります。

さて、帝政を廃止したあと、ドイツはヴァイマールという都市で憲法を制定したので、ヴァイマール共和国と呼ばれます。
ここで、愚か者のタワゴトです。

通説

**ヴァイマール憲法は当時「世界でもっとも民主的な憲法」と言われた。
日本国憲法も受け継いでいる。**

ほとんどの憲法学の教科書に書いてあることなのですが、こういうことを信じて疑わない人に「ヴァイマール共和国」って、「何かいいことあったんですか?」と聞いても、「人類の理想があった」みたいな返事しかなく、会話が成立した記憶がありません。
日本国憲法も受け継いでいる部分はいくつかあるのですが、もっとも代表的な条文だけ挙げておきます。目が腐るかもしれませんが、我慢して読んでください。

**日本国憲法第二十五条
第一項　すべて国民は、健康で文化的な最低限度の生活を営む権利を有する。**

第二項　国は、すべての生活部面について、社会福祉、社会保障及び公衆衛生の向上及び増進に努めなければならない。

日本人なら「健康で文化的な最低限度の生活」という言葉は小学生のころから聞きますが、現実には貧困のためにおにぎりも食べられずに餓死する人がいる一方、「生活保護ビジネス」で働かないで生活している人がいるという不思議な運用をしています。この条文の立法趣旨には「予算不足を理由にしてはならない」という崇高な理念があるのですが、最高裁が多大な予算措置を伴うような判決を出したなんて話は聞きません。逆に、制度不備で盲目のシングルマザーが児童扶養手当を受け取れなかったので訴えたら、予算削減の行財政改革を行っているときに不備を認めて是正を命じる判決なんかを出したら大蔵省主計局を敵に回すので、訴えを門前払いにしたという話を聞きます。こういう判断を出す最低裁、違った、最高裁を「人権の砦」「憲法の番人」と教えている日本国憲法の教科書、頭は大丈夫か?と思います。

では、本家本元はどうでしょう。

ヴァイマール憲法第一五一条
経済生活の秩序は、すべての者に人間たるに値する生活を保障する目的を持つ正義の原則に適合しなければならない。この限界内で、個人の経済的自由は確保されなければならない。

いわゆる生存権の規定です。戦前は「生活権」とも言いました。私はこっちのほうが実態に近いと思いますが。趣旨は、人権とは理由もなく生命・自由・財産を奪われないだけではダメで、それらだけが保障されても生きているだけにすぎない。「人間たるに値する生活」が保障されなければ、人権が保障されたことにはならない、とのことです。結構なことですが、ではどうやってやるのかといえば、「経済」に対して命令しています（失笑）。より厳密には、「すべての者に人間たるに値する生活を保障」するよう、ドイツ政府に求めているのですが。法律の条文で言うのは勝手ですが、敗戦国で政治も経済も崩壊しているドイツ政府に、可能なのか。

一九一九年正月のドイツは、殺しあいで始まりました。一月五日からスパルタクス団という左翼が武装蜂起し、右翼と街中で殺しあいを始めています。左翼は単なる活動家なのに対し、右翼は戦場帰りの軍人崩れが多いので、戦闘力は圧倒的です。十五日、ドイツ共産党の指導者ローザ・ルクセンブルクやカール・リープクネヒトは、銃撃戦の末、右翼に殺されました。ローザ姉ちゃんの死体は、川に放置されたままでした。

三月にもスパルタクス団の残党が暴動をおこし、軍に鎮圧されています。てな感じの国のどこがいいのか。

そして、論より証拠。ヴァイマール共和国のすべてをとらえた写真を見てください。

これでもヴァイマール共和国を褒められたら、相当な変質者でしょう。

当時の右翼フライコーア（Freikorps）

おかげさまで、「昔の日本は悪い国だ」との、いわゆる自虐史観に疑問を持つ人が増えてきました。目覚めてくれる人が増えるのは喜ばしいことです。しかし、そういう善良な人を相手に商売をしようとする有害な輩も増えてきたので困ったものです。今回は通説ではありません。

第六節　「ベルサイユ会議」──五大国は日英米仏伊

保守商売の常套句

ベルサイユ会議において、日本は世界で最初に人種平等を訴えた素晴らしい国だ。

ふ〜〜ん。で、なんで？

確かに、第一次大戦の戦後処理を話し合うベルサイユ会議において、日本は人種平等を主張しました。「会議のほとんどはパリのフランス外務省で行われたからパリ会議と言え」という些末な主張は無視して、ベルサイユ会議で通しますので悪しからず。確かに一九一九年四月十一日に日本全権牧野伸顕が人種平等を主張し、多数の賛成を得られました。しかし議長のウィルソンが、「こういう大事な議題は全会一致でなければならない」とか、訳のわからないことを言いだして、否決します。牧野は抗議しましたが、結局はすごすごと引き下がっています。

結局、言いっぱなしで何も実現していないのに、何が偉いのか。何より、そうやって「日本は素晴らしい」と訴えて保守商売をしている人に限って、ウィルソンを批判する人はいません。「アメリカが～」でおしまいです。ウィルソンなんて、たいていのアメリカ人にとっても、ついていけないブッ飛んだ人なのに、こいつで「アメリカ」を語られても……。

むしろ、日本人がダメになった話でしょう。養子に行ったので知らない人はわからないでしょうが、牧野といえば大久保利通の次男です。大久保は台湾出兵の際、イギリス公使パークスの陰謀で日本駐在外交団のすべてを敵に回してもそれを撥ね返し、最後は北京に乗り込んで李鴻章を徹底的に論破して日本の主張を全面的に認めさせています。幕末においても幕府の圧力と堂々と戦った外交官でもあります。

もしベルサイユ会議でウィルソンがこういうふざけた態度をとったら、大久保なら許さなかったでしょう。牧野も偉大な父を持つ薩摩隼人なら、言ってやればよかったのです。

チェストおおお！

ウィルソンが夢にうなされて生死の境をさまようくらいまで追い詰めたのなら褒めようもありますが、史実は褒めようがないどころか嘆き悲しむ話です。

牧野は外交官のあと、内大臣として宮中入りします。その華麗な経歴の一つに駐墺公使があります。牧野の回顧録を読むと、末期ハプスブルク朝の宮廷をよく観察していて感心します。しかし、能吏として社交には使えたのでしょうが、なぜ大久保の息子が？　大久保は英語を覚えさせようと留学させて学歴を積ませているのですが、何か大事なものを教え忘れていたようです。これこそ、日本人が近代史において成功し、現代史において失敗している原因です。

ところで、ベルサイユ会議は一九一九年一月十八日に始まっています。一八七一年にヴィルヘルム一世が、ベルサイユ宮殿鏡の間で即位した日です。フランスは復讐を果たしたつもりなのです。六月二十八日にドイツが呼び出されますが、天文学的な賠償金を押し付けられます。不可能を押し付け、二度とドイツが復活できないようにしようとしているのです。高名な経済学者ジョン・メイナード・ケインズ博士は、「これではドイツは再び武器を持って立ち上がるしかない」と心配しましたが、ベルサイユ条約そのものが次の大戦を必然化していたのでした。

会議でウィルソンは意味不明な理想を振りかざし、英仏はドイツへの復讐を振りかざすだけです。こうしたなかで米英仏三大国の利害を調整できるのは日本だけなのですが、牧野にそれを求めても仕方ないでしょう。もう一人の全権で首席の西園寺公望は牧野に任せきりで、会議に堂々と遅刻してくる始末です。自分に利害関係のある問題以外は何も発言しないので、「サイレントパートナー」と呆れられました。英仏が呆れるのは勝手ですが、世界の大国としての自覚の欠如、それが自国の国益に跳ね返ってくるとの認識の欠落。

もしベルサイユ会議に我らが石井菊次郎が全権として参加していたら、人類の歴史は変わっていたかもしれません。

時の原敬首相が石井を外し西園寺と牧野を選んだのは党派的理由のようですが、罪深いと断じざるをえません。

二つの大戦の間の時期を「大戦間」とか「戦間期」と呼びます。第一次大戦が終わったとき、英米仏日伊が五大国だと看做されていました。

オーストリアは二度と這い上がれないほど叩きのめされ、ハプスブルク帝国六百年の栄光は消えうせました。それでもあの人たちは、あきらめてないようですが。

イタリアはベルサイユ会議に呼ばれただけの名ばかり大国ですから、数に数えなくていいでしょう。戦間期にベニト・ムッソリーニという楽しい独裁者が出てきますが、彼を語らなくても世界の歴史は語れるので、必要がない限り無視します。

実際にはレーニンのロシアが大国です。ソ連の正式建国は一九二二年ですが、革命の混乱を収拾しつつ、列強の干渉を耐え抜き、徐々に大国として復活してきます。

ウィルソンはベルサイユ会議で「国際紛争の調停の場」ということで国際連盟の創設を訴えます。しかし、アメリカ本国の議会で加盟を否決されました。アメリカ人の本音は、「ウィルソンはなに勝手をやってんだよ?」なのです。

こうして、国際連盟の常任理事国は英仏伊日となります。のちにドイツが加わります。国際連盟の実態は「ヨーロッパのもめごと解決クラブ」です。となると、英仏は誰かから恨みを買っています。ドイツは敗戦国で、なぜ常任理事国になれたのかが不思議な国。イタリアに至っては自分が紛争の当事者です。

となると、日本しか公正な仲介者はいないのです。

国際連盟代表は、駐仏大使が務めます。ここに我らが石井菊次郎が帰ってきます。石井は一九二〇年から二七年まで駐仏大使を務めます。菊ちゃん、栄光の時です。

石井の後任はハーグの国際司法裁判所判事を務めた安達峰一郎。連盟事務局次長には五千円札の新渡戸稲造。ほかにも佐藤尚武や松田道一など、外務省は最優秀の人材を国際連盟に送り込みました。

国際連盟のもめごとは大日本帝国が仲裁したからこそ、平和が保たれたのでした。

それはいいのですが、残った本国は……。

第七節　「ヴァイマール共和国」——賠償金とハイパーインフレ

一九二一年ワシントン会議で、日本は自分の命綱である日英同盟を切ってしまいました。日英米仏の四か国協定という、日英同盟を切るためだけのなんの意味もない条約だけが残ります。ワシントン会議は、アジア太平洋の戦後秩序を話し合うための会議なのですが、この地域の大国である日英米の三国すべてが強い同盟国を持たず孤立するという結果に終わりました。

当時、ソ連は国際的孤立に苦しんでおり、日米英の挟撃を恐れています。しかし、その三国が結束するどころか、いがみ合ってくれる。笑いが止まりません。

ワシントン会議が終わった二か月後の一九二二年四月、ソ連はドイツとラパロ条約を結びます。国際的孤立に苦しんでいた嫌われ者同士が結びついたのです。

ドイツはベルサイユ条約で再軍備を禁止され、武装も制限、陸軍は軽装備の十万人のみに限定されました。それでも復讐に燃える国防軍は、ハンス・フォン・ゼークト参謀総長を中心に来るべき日の再軍備を企んでいました。ゼークトは十万全員の将校化を言いだします。つまり兵はあとからいくらでも集めればよいので、兵を指揮できる人材だけに特化して教育しておこうとしたのです。これは成功し、のちに「ゼークト方式」と呼ばれます。マッカーサーが日本に憲法九条を押し付け、一切の軍備を持たせないようにしたのは、ゼークト方式を敗戦した日本がやることを恐れたからです。

しかし、十万では第一次大戦で健闘した歴戦の軍人のほとんどがあぶれてしまいます。また新兵器の開発もベルサイユ条約で禁止されています。そこでソ連とラパロ条約を結び、あぶれたドイツ軍人を送り込むという目論見だったのです。これは事実上の独ソ軍事同盟でした。新兵器の開発に関しては、戦車は「トラクター」、航空機は「グライダー」の開発と称して、ぬけぬけと行っていました。

ちなみにゼークトは中華民国とも仲よしです。ゼークトの送り込んだ軍事顧問団は蔣介石の親衛隊を精強部隊に鍛え上げます。迷惑なやつらです。のちに蔣介石軍は、「二十倍の数があれば日本にも勝てる」などと調子に乗ってかかってきます。つくづく迷惑なやつらです。

日本の立場は、「ヨーロッパの情勢には、われ関せず。国際連盟の連中がテキトーにやってくれればいいので、ヨロシク」です。ヨーロッパでの菊ちゃんらの頑張りは、個人プレー扱いで、国策にはならないのです。

それでもまだ救いがあるのは、日本政府が破滅的な対外政策を採っていなかったことです。それは、協調外交と称されます。

大戦後、最大の大国となったアメリカを第一としつつも、イギリスとも友好を続ける。ソ連とはロシア革命後の革命干渉戦争(の一戦線であるシベリア出兵)で争ったけれども、仲直りしてからは仲よくする。そして辛亥革命以後、軍閥混戦の巨大な紛争地域と化していた中華民国には、居留民保護以外では、できるだけかかわらないようにしておく。

問題がないわけではないですが、協調外交を続けていれば、大日本帝国が滅びることはなかったでしょう。まちがっても、今挙げた国を全部敵に回すような真似をしない限り。

一方、現実にありえたのは、独ソの大国としての復活です。ドイツは言うまでもなく、あまり気付かれませんが、ロシアも第一次大戦の敗戦国です。ソ連としては旧ロシアの版図は野心の対象です。そのソ連とドイツの間には東欧の小国が、ひしめきあっています。北から、フィンランド、エストニア、ラトビア、リトアニア、ポーランド、ハンガリー、チェコスロバキア、ルーマニア、ブルガリア、ユーゴスラビア（初名は、セルビア人・クロアチア人・スロベニア人の王国）、アルバニア、ギリシャ。なんだか、第二次世界大戦で両国に侵略される国を挙げていったような気がしますが、戦間期から危険は充満していました。

大国の英仏の国民は戦争に嫌気がさしていましたし、東欧のことには関心なんかありません。しかも民主国家ですから、政治家が「軍備拡張」なんて言い始めたら、即刻落選です。そういう空気なので、外交で解決を図ろうと考えました。

中心になったのは、フランス外相を何度も務める、アリスティード・ブリアンです。ヨーロッパ中がドイツの復活に怯えていましたが、冷静に観察してみるとヴァイマール共和国はボロボロです。

ドイツ国防軍がソ連や中華民国と組んで何かやっているのは薄々感じますが、国全体としては破綻状態です。内閣は毎年のように代わり、二年続けば長期政権。しょっちゅう政治家は暗殺されるし、あげくは一揆を起こす右翼もいる。賠償金の支払いで経済再建など、メドがたたない状態です。

最悪の状況が一九二三年でした。

賠償金の遅延に怒ったフランスがベルギーを誘い、借金のカタにルール工業地帯を軍事占領するのです。これに対し、ドイツはストライキで抗議しました。結果、フランス軍も立ち往生ですが、ドイツ経済は世界史上に残るハイパーインフレ状態と化しました。

インフレとはモノの値段が上がることですが、このときは物価が一年で二万五千倍に上がりました。敗戦日本の混乱期でも六〇％を超えていませんから、異常です。パン一個が一兆マルクです。リュックサックいっぱいにお札を詰めて、パン一個です。子供たちがお札を積み木にして遊んでいるのも、このときです。

この騒動の最中に、ヴァイマール共和国で何度も外相を務めるグスタフ・シュトレーゼマンが挙国一致内閣を組織します。

この混乱はドイツ中央銀行総裁にヒャルマル・シャハトが就任し、金融引き締め策を行ったのでなんとか収拾しました。国民は貧乏に耐えるしかないのですが、その結果として人心がすさむのは政治の責任です。

こうしたヴァイマール共和国の状況下でも、豊かな人たちはいました。とくに、ユダヤ人は目立ちました。ユダヤ人はローマ帝国の時代に国をなくし、十字軍の時代には景気づけに殺されるような被差別民族です。だから二千年間の知恵として、いかなる状況でも生き残るには、経済的に強くなければならないと考えていたのです。それも現金を貯め込むのではなく、宝石など逃げるときに持ち運びしやすく価値が高い商品の取り扱いに秀でるようになりました。

そうした人々が、それまで世界有数の経済大国の繁栄を謳歌してきたドイツ人に、どう映るでしょうか。そこへ「大戦でドイツ軍は勝っていたが、裏切り者がいたから負けたのだ」とする、「後ろからの一突き」「匕首伝説」と呼ばれる言説が流れてきます。しかも「ハイパーインフレはユダヤの陰謀だ」とする言説も流されます。ユダヤ陰謀論です。

秋、共産党と右翼が同時に決起します。鎮圧にあたるのは、国防軍です。

この時、極右団体ナチスを率いるアドルフ・ヒトラーが、ルーデンドルフを担いで決起しました。ミュンヘン一揆です。大戦の英雄を連れてくればなんとかなると思ったのでしょうが、国防軍は政府に忠誠を誓います。ルーデンドルフは銃弾のなかで最後まで行進を続けました。一方のヒトラーは真っ先に逃げ出して骨折し、捕まっています。

一揆が収拾するやシュトレーゼマンは総辞職し、外交に専念します。そしてブリアンに頼み込みます。「払うから賠償金をまけてくれ」と。

一九二四年、ドーズ案が成立します。チャールズ・ドーズはアメリカで政府と民間の双方で経験を積んだ財政家で、翌年には副大統領に就任する政治家でもあります。このドーズが減額案を策定し、英仏に呑ませました。

一九二五年、経済が安定に向かい、ナチスと共産党が人気を失っていたころ、大統領選挙でヒンデンブルクが当選します。

こうした状況を見て、ブリアンは外相に就いていたシュトレーゼマンと交渉し、十二月一日にロカルノ条約を結びます。これは事実上の英仏とドイツの不可侵条約で、国境近くのラインラントを非武装地帯としました。代わりにドイツの国際連盟加盟が認められます。

ロカルノ条約は「真の講和条約」と呼ばれ、ヴァイマール共和国は「相対的安定期」に入ります。

第八節　「満洲事変とヒトラー」――国は愚かさによって滅ぶ

相対的安定とは「ほかよりはマシ」という意味です。確かに、シュトレーゼマン外交は前の時代の地獄絵図よりはマシです。そして後から来る時代よりも。

このころ、獄中のアドルフ・ヒトラーは次の出番を虎視眈々と狙って『我が闘争』を口述筆記させています。

それはさておき、大戦は敗戦国のドイツだけでなく、戦勝国の英仏をも苦しめました。両国ともに、アメリカから戦費を借りていましたから。その支払いの当てがドイツの賠償金なのです。そのドイツ経済が崩壊しては、賠償金が入りません。そこでアメリカが投資してドイツ経済を支えるという仕組みを構築しました。これがドーズ案の骨子です。戦勝国の英仏は敗戦国のドイツに依存し、すべてがアメリカにかかっているという異常な構造です。

しかし一九二九年十月二十四日、暗黒の木曜日が訪れます。アメリカ発の世界大恐慌の到来です。ヴァイマール共和国は、戦間期の前期はハイパーインフレ、後期はハイパーデフレに苦しむことになります。

親亀こけたら子亀もこける。ドイツ経済はたちまち失速しました。ヒンデンブルク大統領は危機に対応するため、政党政治を捨てます。ドイツの選挙は比例代表が基本ですから、少数連立が常になります。常に与党にいるのは中央党でした。イデオロギーなどそっちのけで与党にしがみつくけれども、本音はカトリックを国教にしたい宗教政党です（室潔『宗教政党と政治改革―新たなドイツ現代史像の素描』早稲田大学出版部、一九七七年）。言うなれば、日本の自民党と公明党の悪いところだけを足したような政党でしょうか。

ほかの政党も似たり寄ったりで、国難を救えるような政治家は見当たりません。名前だけでも不吉で、「一九二六年、ルター首相辞任、マルクス内閣成立」とか。

一九三〇年三月、ヒンデンブルクが動いて連立工作を行い、ハインリヒ・ブリューニングに組閣させます。四十四歳とまだ若く、清新で学究肌の人物でした。閣内には伝統重視派の反共主義者を揃えました。ブリューニングは危機に対処するため、憲法上の非常大権を要請します。ヴァイマール憲法では、非常時には議会が反対しても大統領の専権で法案を通すことができる条項があるので、それを使ったのです。「世界でもっとも民主的」と威張ったヴァイマール憲法は、この時点でその民主的な手続きにより民主制を捨てたのです。

それでも、ブリューニングが行った政策が正しければ救いがあります。ところが、ブリューニングはデフレ期にデフレ政策を行いました。デフレが加速するに決まっています。

同時期に同じような政策を行ったのが、アメリカのハーバート・フーバー大統領と日本の井上準之助蔵相です。本当は通貨供給量が少ないデフレなのですから、通貨供給量を増やさなければいけません。ところが、三人とも金本位制という、政府の金保有量以下に通貨供給量を制限する政策を採りました。

ブリューニングもフーバーも井上も立派な見識を持ち、ほかの面では実行力のある政治家でした。しかし、ただ一点。劇的なまでに経済政策をまちがえ、国民の信を失い、失脚していくことになります。歴史のイフですが、この三人が正しい経済政策で国を立て直し、国民の支持を得ていたなら、まちがいなく世界大戦は起こらず、その後の共産主義による世界支配という悲劇もなかったでしょう。

さて、ここで通説を二つ。

通説一

一九三一年九月十八日からの満洲事変で日本は国際的に孤立し、一九三三年二月二十四

日に国際連盟から引き揚げる。

通説二

ヴァイマール共和国末期は世界恐慌で苦しみ、ドイツ国民はヒトラーに政権を委ねる。ヒトラーは一九三三年十月十四日、国際連盟を脱退する。

あえて細部に至るまで客観的な記述に徹し、まちがえようのない書き方をしましたから嘘はありません。しかし、二つの通説の片方だけでは真実は見えません。満洲事変の一日単位の詳細が知りたい方は、前掲『学校では教えられない歴史講義　満洲事変』をどうぞ。本書では端折って説明します。その代わり、満洲事変に、ヴァイマール共和国の年表を重ねてみます。見えないものが見えてきます。

一九三一年九月十八日、日本の関東軍はかねてから紛議の絶えなかった満洲の地で軍事行動を起こしました。これを中華民国は国際連盟に訴え、東欧諸国を味方につけます。東欧諸国はソ連や復活したドイツが侵略してきたときに、国際連盟の権威で抑え込むことで自国の安全を保とうとしたのです。そのためには、大国の軍事行動を抑え込んだという先例を作るべく、日本を非難する側に回りました。恩知らずで愚かです。その国際連盟を支えているのが誰だかわかっていないのです。それでもポーランドとチェコの両国は少し遠慮がありましたが、ギリシャは中華民国の代理人のごとく日本を攻撃しました。

国際連盟と日本の対立が激しくなる十月、ヒトラーら極右勢力がハルツブルク戦線なる倒閣運動を起こします。政党の集会には暴力沙汰がつきものになっていました。十二月、日本では政変があり井上準之助が辞任しました。

一九三二年四月、ヒンデンブルクがヒトラーを破り、大統領に再選されます。当選三日後、ヒンデンブルクはナチスの武装組織であるＳＡ（突撃隊）とＳＳ（親衛隊）をクーデター計画容疑で禁止しました。

このころには時の犬養毅内閣の景気回復策が軌道に乗り、国際協調も回復してきました。関東軍は傀儡国家の満洲国を樹立していましたが、犬養内閣はその国家承認を拒否し、国際協調の姿勢を示していたからです。この間、英仏米の権益が集中する揚子江付近で上海事変が起こりましたが、その直接交渉に当たったのが与党代議士だった松岡洋右です。松岡はイギリスとの関係回復に腐心していました。事変の和議はイギリスの仲介で成功させています。

しかし、それも五・一五事件で内閣が総辞職したことで振り出しに戻ります。

同じ五月の三十日、ドイツでもブリューニングがヒンデンブルクに嫌われて退陣します。後継はフランツ・フォン・パーペン。閣僚に貴族を揃えたので「男爵内閣」と呼ばれました。しかし議会に基盤を置かず、クルト・フォン・シュライヒャー国防相がヒンデンブルクと組んでことごとくパーペンと対立したので、政権基盤は不安定でした。

七月三十一日、ドイツの総選挙でナチスが第一党になりました。不況に苦しむ財界がナチスを支持した結果です。

八月二十五日、斎藤実海軍大将の内閣で外相を務める内田康哉が焦土演説を行います。「たとえ国際社会を敵に回し、国を焦土としても、満洲国を承認する」と言い切りました。

九月十二日、ドイツ共産党提出の内閣不信任案が可決され、パーペンはまたもや議会を解散します。その三日後に斎藤内閣は満洲国を承認します。

十月一日、国際連盟が満洲に派遣した調査団は、報告書を発表します。イギリス人のヴィクター・リットン卿が見事な解決案を示しました。「日本が満洲国承認を撤回すれば、すべての主張を認める」です。一点だけ国際連盟の顔を立て、実質はすべて日本に有利な解決案です。ところが日本の世論はこれに激昂しました。

ドイツでは十一月の総選挙でナチスが大きく後退します。十二月には政変が起き、シュライヒャーが首相になりました。「軍部内閣」です。陰謀家のシュライヒャーは、ナチスの切り崩しを図ります。このときの政変でヒトラーが副首相での入閣を断ると、ナチス党の反主流派に切り崩しをかけます。ヒトラーは反乱分子の解任で応じますが、党の金庫は底を突きかけていて対応に大わらわでした。

十二月八日、国際連盟に大きな転機が訪れます。日本全権代表である松岡洋右の「十字架上の日本」演説に、イギリスが飛びついたのです。イギリスはなんでもいいから日本との協調のタイミングを計っていたのです。

ところが翌年正月、関東軍は満洲でさらなる軍事行動を展開します。斎藤内閣も後押ししました。国際協調をする気がないという意思を示したようなものです。

一月末、シュライヒャーは辞任し、ヒンデンブルクはヒトラーを首相にして後事を託します。危機の打開を求めつつも、ヒトラーの党内基盤が弱まっている今ならうまくコントロールできるとなめてかかったのです。それは極めて甘い観測でした。

ヒトラーは議会に基盤を求めて、首相就任の翌日に解散を断行します。

二月二十四日、日本はリットン報告書の受け入れを拒否して、国際連盟から全権団が退場します。事実上の連盟脱退宣言です。

二十七日、国会議事堂放火事件を理由に、ヒトラーは共産党を非合法化しました。ただし、総選挙でナチスは過半数を取れず、ほかの右翼政党と連立を組みます。

三月二十三日、悪名高い授権法、正式名称は「国民と国家の危難を除去するための法律」を全会一致で可決します。要するに首相のヒトラーに全権限を委ねるという法律です。議会の全会一致で可決しました。

三月末、日本は国際連盟に「二年後」に正式に脱退すると通告します。

駆け足で満洲事変とヒトラー政権の樹立を見てきました。国際連盟の小国、とくに東欧諸国が恐れる「危険なドイツ」が事変の最中に復活しているのです。日本はリットン報告書を受け入れていればよかったのです。極端でもなんでもない話、リットン報告書が連盟で可決されても居座っていればよかったのです。そうすれば、ヒトラーを抑え込める大国として日本が期待されたのですから。

言ってしまえば、国際連盟の権威を高めようと日本を批判した東欧諸国は本末転倒です。しかし、小国が何をやろうが、大国なのだから、柳に風でよかったのです。国際連盟は日本が支えているのですから。

明治の元老は三国干渉の国難に、西欧と東亜の情勢の双方を見て、生き残りました。昭和の日本は大国なのに、近視眼的なモノの見方しかできず、世界を敵に回しました。国家は悪によってではなく、愚かさによって滅びるのです。

第九節　「ヒトラーとシャハト」――ドイツ経済を復活させる

一九三三年の世界です。大国は日米英ソ、そして形式的にはフランスです。現実のフランスに大国としての実態は伴っていませんでしたが、周囲は大国だと見做していました。見るからに危険極まりないヒトラーの首相就任でドイツの復活と復讐が恐れられていますが、まだまだ小国です。ついでに言うと、中華民国は地域（シアター）であって国（アクター）ではありません。

一九三三年の上旬、立て続けに二人の人種差別主義者が、それぞれの国で政権を奪取しました。一人はドイツのアドルフ・ヒトラー。一九四五年まで独裁者として振る舞います。もう一人はアメリカのフランクリン・ルーズベルト。本来ならば再選までしか許されない大統領を四選まで行い、一九四五年に任期在任中に死亡するまで居座り続けました。

ソ連の指導者はスターリン。レーニンの後継者としてすでに十年の独裁を敷いています。

一九五三年に死ぬまで、独裁者として居座ります。

立憲政治の母国イギリスもすでに挙国一致内閣で、選挙により選ばれた政党が政権を獲る民主制と決別しています。一九四〇年から四五年まで、ウィンストン・チャーチルが挙国一致内閣を率います。

そして、我が大日本帝国です。しばしば帝国憲法下では民主制が発達しなかったと言われます。では、ほかの四大国のような強力な指導体制が存在したかというと、十三年間で十三代の内閣が交代しているのです。対外政策も、支離滅裂でした。

明治以来の日本外交の伝統は対英米協調です。幕末以来の友好国であるアメリカを尊重しながらも、現実の同盟国にはイギリスを選びました。日英同盟廃止以後も、米英との協調を軸としています。満洲事変は、この対米英協調を打破しようとする動きでした。現に国際連盟脱退の過程で、イギリスとの関係は抜き差しならなくなりました。では、現状打破勢力は何をしたかったのか？ 彼らは英米の非を鳴らし、その主張は部分的に正論でもありました。例えば、「インドやインディアンに対しアングロサクソンが何をしてきた？」式の批判です。それらは歴史的事実ですが、それが国策を変更する理由になるのか。

日本が英米とケンカをするたびに笑いをかみ殺していたのが、ソ連のスターリンです。

反英米派の連中は全員が共産主義者と同じ立場になってしまったのですから、頭が悪いとしか言いようがありません。もちろん、ソ連のスパイは国粋主義的右翼を偽装して反英米派に紛れ込んでいるのですが、そうした確信犯を除けば反英米でソ連を喜ばせた連中は、全員がバカと断じていいでしょう。こういう無意識に国益を害してくれる連中がウヨウヨいる場所というのは、スパイが生息しやすいのです。普段は何もしなくて、正論が通りそうなときだけつぶせばいいのですから。

そのバカな連中に代案を出させると、「英米ソと対抗するために、フランスと組もう！」などと言いだします。満洲事変でもフランスにそういう話を持ちかけましたが、当のフランスに「イギリスと話して」と拒否される始末です。世界の流れが見えてない、素人考えなのです。そういうバカとしか言いようのない連中が、フランスに代わって大国として台頭してきたドイツと組もうとするのです。

まさに「国家は悪者によってではなく、愚か者によって滅ぼされる」を地でいきます。

なんで、わざわざヒトラーと組まなきゃアカンのか？

さて、今では世界中で誰もが思っていること。

通説

ヒトラーは悪いやつだ。

これを否定するやつらはネオナチと呼ばれるよほどのヒトラー信奉者だけです。世界中でヒトラーとナチスの肯定はタブーですから。

事実、大日本帝国はコイツと付き合って地獄に落とされました。日本人でヒトラーやナチスを褒めるやつらは売国奴と断じていい。ただし、何がどう悪いのか、となると意外と説明できない人が多いのです。例えば、ユダヤ人迫害だって、ある時期まではヨーロッパの歴史ではごくごくありふれた事象です。では、その時期がいつなのか？というターニングポイントを探ることこそが、真に歴史を学ぶことなのです。

大学院修士課程二年生のとき、三か月ほどヴァイマール共和国とヒトラーを真面目に研究したのですが、結論は三つ。

ヒトラーが欧米で嫌われている理由の一は、もちろんユダヤ人をはじめとした多くの人々への言い訳不能の大量虐殺です。ただ、スターリンや毛沢東と比べたらどうか。もちろん、ヒトラーは絶対に免罪されないのですが、では数だけだとヒトラーより人を殺している二人はなぜタブーにならないのか？「ヒトラーは悪いやつ」というのは当然ですが、同時にスターリンや毛沢東も弾劾しなければならないでしょう。

理由の二は、国際法を露骨に破ったことです。最初はともかく、途中からはなんの説明もなく破り始めています。この動きを子細に押さえないで「ヒトラーは悪いやつ」という結論だけ覚えても、受験勉強の丸暗記と変わりません。

そして理由の三ですが、これはエスタブリッシュメント特有の感覚だと思うのですが、下品だからです。ナチスは同時代のファシストの先駆者ムッソリーニに倣って制服をはじめファッションには気を使ったのですが、それに踊らされているのは無学無教養の大衆です。マトモな教養がある人から見れば、ヒトラーやナチスのやっていることは、下品極まりないのです。

さて政権発足当初のヒトラーはやりたい放題です。七月までに、立て続けに全政党を解散させました。中央党や社民党のような既成政党はもちろん、協力的だった右翼政党も解散です。ちなみにナチスの正式名称は、「ドイツ民族社会主義労働者党」です。本来は社会主義を掲げる左翼政党なので、伝統右翼とは水と油なのです。

一方で、人気取りは忘れません。政治家にとって最大の人気取りは、経済政策です。ハイパーデフレで苦しむドイツ経済を救えば、大衆人気は爆発するに決まっています。そこでかのハイパーインフレを収束した、「マルクの魔術師」ことシャハト博士を呼んできて、金融政策のすべてを任せます。シャハトは金融緩和によって通貨発行量を増やし、瞬く間に景気を回復軌道に乗せます。シャハトより早く景気回復を成し遂げたのは、日本の高橋是清だけです。このときのヒトラーが政治家として優れていたのは、シャハトに任せて自分は口を出さなかったことです。その代わり財政政策は自分が主導し、高速道路（アウトバーン）建設で公共事業による景気浮揚を図りました。フォルクスワーゲンがアウトバーンを走り回りますから、製造業を中心に景気は回復していきます。大戦で破壊されたとはいえ、もともとドイツは世界有数の経済大国です。政府が国民に働く環境さえ用意すれば、経済大国に復帰するのは理の当然です。

最悪時、失業率四〇％に達していたドイツ経済は、ナチス政権下でみるみる回復し、五年で完全雇用を達成しました。支持率が上がるのは当然です。

ちなみに、ヒトラーが残したものでも批判の対象でないものが三つあると言われます。アウトバーン、フォルクスワーゲン、そして動物愛護です。ヒトラー時代の動物愛護法は、いまだに世界中の文明国で模範とされているとか。ヒトラーは飼っていた小鳥が死んだとき、三日三晩泣き叫んだと言います。六百万の人間を殺したヒトラーの別の側面です。

十月十四日、ヒトラーは国際連盟から脱退を宣言します。爆発的人気のヒトラーが国際連盟脱退を国民投票にかけたとき、九割のドイツ国民が支持しました。日本のように正式の手続きを踏むのではなく、いきなり脱退してしまいました。もっとも、そのときの国際連盟は機能不全に陥り始めていましたし、もともと連盟の根拠法であるベルサイユ条約自体がドイツを圧迫する条約なのです。この時点では、ヒトラーの行動は大目に見られました。

一九三四年、ヒトラーはＳＡ（突撃隊）を粛清します。ＳＡはナチスの私兵で、政治集会などの護衛、反対派（主に共産党）への襲撃を行っていた暴力団です。国防軍は、こいつらを忌み嫌っていました。もっと言うと、国防軍のお偉方は貴族出身者ばかりです。この本でも、やたらと「フォン」と名がつく軍人が多いのに気づかれましたでしょうか。だから、平民の出で第一次大戦では伍長にすぎなかったヒトラーなど、差別の対象です。ついでに言うと、ヒトラーはもともとオーストリア国籍でした。

ヒトラーはドイツを大国として復活させる気満々ですから、国防軍を掌握しなければと考えていました。暴力団のＳＡで、侵略戦争はできませんから。ＳＡ隊長のエルンスト・

レームはヒトラーと「オレ、オマエ」で付き合える唯一の人物で、犬のように忠誠を誓っていました。それでも、ヒトラーは切り捨てます。

一九三四年六月三十日、「長いナイフの夜」事件です。この時、シュライヒャー前首相やミュンヘン一揆で自分に敵対した政治家などもドサクサに紛れて暗殺しています。ちなみにパーペン元首相は忠誠を誓い、ヒトラー側近として働くことになります。

第十節　「ラインラント進駐」――ヒトラーの賭け

一九三四年八月二日、ヒンデンブルク大統領が死去しました。もはやヒトラーには怖いものなしです。

ヒトラーは、ナチス党首にして首相でしたが、さらに大統領も兼任します。これ以後は総統を名乗ります。

ヴァイマール憲法に兼任禁止規定がないのに付け込んだのです。憲法典の条文の不備に付け込み、憲法の精神を踏みにじるのは、フランクリン・ルーズベルトも同じです。もっとも、条文がどうであれ、その国の人たちに守る気がなければ意味はありませんが。

国内を固めたヒトラーは、対外政策に取り組みます。理念は、ベルサイユ体制の打破です。ドイツ国民ならば、誰もが賛成する理念です。

一九三五年一月、ザール地方で住民投票が行われ、その結果、ドイツに復帰します。ウッドロー・ウィルソンという狂人が、「その土地がどこの国に帰属するかは、住民投票で決めるべきだ」という恐ろしい主張を打ち出していました。少数民族を弾圧せよと主張しているようなものです。ヒトラーは、ありがたくウィルソン思想を実践させてもらいました。この意味でウィルソンの忠実な弟子です。

三月、再軍備を宣言します。自衛のための戦力を持って何が悪い？　当たり前ですが、誰も反論できません。

こうしたヒトラーにイギリスは融和政策で応じます。六月には英独海軍協定が結ばれました。イギリスの思惑は、ソ連への盾です。七月、ソ連の工作機関《スパイ》であるコミンテルンは、第七回世界大会を開き、「反ファシズム人民戦線」を指令しています。簡単に言えば、日本とドイツを孤立させて、その他全員で袋叩きにする態勢を築くということです。具体的には日本を孤立させ中国大陸の動乱に引きずり込み、できれば米英との戦いにももっていく。ヨーロッパではドイツと英仏の対立を煽り戦争に引きずり込む。要するに、日独と米英に殺しあいをさせて、共倒れを狙っているのです。どちらかというと、ソ連に近い日独を滅ぼしたいという思惑です。この時点では荒唐無稽な指令ですが、歴史の結果を知っている現代人が笑えるでしょうか。

ヒトラーの私的外交顧問のヨアヒム・リッベントロップが、駐独大使館付武官の大島浩に、コミンテルンを想定敵とした協定を持ちかけています。この動きは日本外務省の親英米派が、ドイツに引きずり込まれてイギリスと対立することになりはしないかと抵抗し、暗礁に乗り上げます。

一九三六年三月、ヒトラーは賭けに出ました。非武装地帯を約束したラインラントに進駐したのです。完全なロカルノ条約違反です。単なる条約違反である以上に、英仏にケンカを売ることになります。さすがのヒトラーも眠れぬ夜が続く決断でした。

結果は、ヒトラーの勝利でした。英仏は制裁をしませんでした。国民が戦争をことさら嫌っていたこと、だから軍備が十分ではなかったこと、この二つに尽きます。あえてほかに言うなら、ドイツ人の主張する生存圏を認めようとしたこと、そしてソ連への盾にしようとしたことでしょうか。

この年のヒトラーはベルリン五輪を謳歌し、スペイン内乱に介入しています。日独防共協定も結ばれました。日本国内の事情ですが、陸軍など親独派は国際的孤立を抜け出すことを大義名分とし、外務省もあくまでソ連相手の防共協定として妥協しました。

一九三七年は、日本が泥沼に突入する年です。七月七日、支那事変が勃発します。陸軍、とくに参謀本部は嫌がっていたのですが、近衛文麿首相ら文官たちが事変を推進しました。しかし、和平を求める勢力も強く、そのせめぎあいのなかでドイツを仲介とすることにしました。

理由は、ゼークト以来ドイツは蔣介石との結びつきが強く、この時点でも影響力がありました。蔣介石は英米ソだけでなく、ドイツからも武器を買っていたので、それを断ち切らせようとの意図もありました。

実際に仲介したのは、オスカー・トラウトマン駐支公使です。しかし、近衛内閣、とくに広田弘毅外相は次から次に条件を吊り上げます。あげくは「必ずしも和平を期待せず」と閣議了解する不真面目さです。翌一九三八年正月には、ドイツに打ち切りを通達しました。そのときの日本の言い分は「蔣介石は誠意がない」です。

たぶん、ヒトラーは何が起きているのか、まるでわからなかったでしょう。せいぜい、負けている中華民国を切り捨て、勝っている日本に乗り換えよう、くらいの感覚です。

そんなことより、ヒトラーの関心はドイツ民族の統一です。二月、みずから軍最高司令官を兼ね、外相にリッベントロップを据えます。狙いはオーストリアです。

まず、オーストリア・ナチス党に騒ぎを起こさせてクルト・シュシュニック首相を引きずりおろします。後任首相となったナチス党員ザイス・インクヴァルトの招きで、ドイツ軍がオーストリアに無血進駐し、併合を宣言しました。ここでも住民投票を行いましたが、圧倒的多数で支持されました。この動きは、ヨーロッパでも反感を持たれませんでした。

なお、ハプスブルク家当主のオットー大公は数年前から野心を示すヒトラーに対抗して種々の工作をしていました。これに怒ったヒトラーは暗殺命令を出し、オーストリア進駐作戦を「オットー作戦」と名付けるくらいですから、よほど疎ましく思ったのでしょう。ちなみに大公は二十五歳の若者です。シュシュニックに「君では荷が重いから私と首相を代わりたまえ」と命令しています。

さらにヒトラーは、チェコスロバキアに触手を伸ばします。ここまでくるとベルサイユ体制の打破やドイツ民族の生存圏とは関係なくなっています。もはや、「一人でもドイツ語を話す人間がいる場所はドイツだ」くらいの強弁と化してきます。

イギリスのネヴィル・チェンバレン首相が、介入してきました。九月二十九日から三十日まで、英仏独伊四か国での協議が行われます。ミュンヘン会談です。

チェンバレンの意図は、ヒトラーに「これで最後の要求」だと理解させることです。次はないと。国民の厭戦気分と戦争準備の欠如が、ここでもイギリスの動きを鈍らせます。ミュンヘンの教訓でイギリスは、ドイツ軍のメッサーシュミットに対抗できる戦闘機スピットファイアの大量生産に乗り出すのですが、この段階ではドイツと戦う準備はできていません。

チェンバレンはチェコスロバキアをヒトラーに売り飛ばすことで、時間を稼ぎました。次に約束を破られたら、本気で戦争をする覚悟で。

ここで止めていたら、ヒトラーは大政治家でしょう。世界恐慌から脱出し、ベルサイユ体制を打破し、手にした領土はビスマルク以上です。

これもイフですが、ミュンヘン会談から一か月以内にヒトラーが暗殺されていたら、果たして人々の記憶はどうなっていたか？　ヒトラーのユダヤ人差別を覚えていただろうか、という思考実験があります。

断っておきますが、ここまででも十分にヒトラーは悪の限りを尽くしています。しかし、その後の狂気とは、明らかに性質が違う。この事実を認識しなければならない、と言っているのです。

そうしなければ、そんなヒトラーと心中した我々自身の反省にはならないからです。

第十一節 「独ソ不可侵条約」——ナチスの狂気

もちろん、ナチス・ドイツは最初から狂っていました。そもそもが、ドイツの伝統右翼からもうさん臭く見られる怪しい組織です。政権発足当初から「焚書」などという前近代どころか、古代国家並みの野蛮な行為を推進しています。

ナチスは、自分たちが「非ドイツ」と見做した人間のブラックリストを作成していました。当時のドイツの有名人をずらりと並べています。世界的な有名人だけをひっぱり出しても、作家のフランツ・カフカやトーマス・マン、シュテファン・ツヴァイク、劇作家のベルトルト・ブレヒトらが挙げられます。

ヒトラーのユダヤ人迫害は、社会からの排除、国外追放という形で始まりました。いきなり大虐殺を始めたわけではありません。「ユダヤ人にドイツ商品を売るな」式の歪んだ民族意識、差別行動をドイツ人の間に広めていきました。ドイツを追放されるユダヤ人の記録映像はいくつも残っていますが、生理用品を売ってくれないので困っているユダヤ人女性もいました。

ヒトラーやナチスを下品だという理由が、わかるでしょうか？　ナチス時代のドイツ人は、大のオトナがやることではない下品な仕事を大真面目にやらされていたのです。ただ、そんなヒトラーを選んだのは、ドイツ人自身です。

なぜドイツ人が世界でもっとも民主的なヴァイマール憲法の手続きに従ってヒトラーを選んだのか。なぜイギリスのネヴィル・チェンバレンはナチス・ドイツに融和政策を採ったのか。「ヒトラーは悪いやつ」しかも「世界で一番悪いやつ」としか考えられない人には理由はわからないでしょう。

理由は一つです。共産主義者よりマシだったから、です。

別にファシズムが絶対悪ではありません。現に、スペインのフランシスコ・フランコやポルトガルのアントニオ・サラザールは、第二次世界大戦後もファシズム支配を続けています。しかも自由主義陣営に参加していました。冷戦期、台湾だって長らくファシズムですし、韓国も軍部独裁です。当時のドイツ人としては、政治家が誰も頼りにならないなか、自分たちが助かる可能性があるのはナチスか共産党の二択だったのです。

チェンバレンも、ソ連のほうが脅威だと考えていました。東欧諸国のその後の運命を考えると、ナチスは五年ですが、ソ連は四十五年です。その間の支配において、より非人間的だったのはソ連です。では、ソ連を警戒したチェンバレンより、ソ連と手を組んだウィンストン・チャーチルのほうが絶対に偉いと、なぜ言えるのか？

ちなみに、バチカンもナチスに融和的です。英米と日独を組ませ、ソ連に対抗しようとしていました。それに協力したのがカトリック国家のスペインです。

一九三八年十一月七日、パリのドイツ大使館でドイツ人書記官がユダヤ人に殺された事件をきっかけに、ヒトラーとナチスの狂気が爆発します。

十一月九日、「水晶の夜」と名付けられる暴動事件が起きました。ユダヤ人商店が片っ端から破壊され、割れた窓ガラスが水晶のようだったとのこと。これを契機に、ユダヤ人の強制収容が本格化します。ユダヤ人の全経済生活からの排除、日常生活の制限、ユダヤ系企業のアーリア化、ユダヤ人財産の没収などが推進されます。

「アーリア」とは本来古代イランのことなのですが、ヒトラーは「ゲルマン民族こそアーリア人の子孫で、世界でもっとも優れた民族だ」と主張していました。何を言っているのか、なぜドイツ人がこんな意味不明な説になびいたのかよくわかりませんが、だからこその狂気なのです。狂気とは、冷静な判断ができなくなっている、という意味です。オウム真理教にハマったインテリが、「インド」に幻惑されたようなものです。人間、よくわからないものに幻惑されるというのは、よくある話です。

日本では、第一次近衛内閣でした。十月八日に駐在武官から駐独大使に昇格した大島浩は駐伊大使の白鳥敏夫と組んで日独伊三国同盟を推進します。ちなみに白鳥の叔父が、我らが菊ちゃんこと石井菊次郎です。白鳥は、もともとは霞が関伝統の対英米協調の主導者だったのが、いつのまにか親独伊路線に傾斜していました。

一九三九年一月五日、日本では内閣交代で平沼騏一郎が首相となります。平沼内閣は、前の近衛内閣のときに、リッベントロップ外相から提案されていた三国同盟の討議に明け暮れます。この内閣は「決められない内閣」だったのが幸いで、ドイツとの同盟などという破滅的な政策は採りませんでした。

その間、ヒトラーはミュンヘン合意など守る気がないような態度で対外政策を推進します。チェコやスロバキアだけでなく、リトアニアにも圧力をかけます。さらに英独海軍協定を破棄します。チェンバレンの「これが最後だぞ」の意味がわからず、イギリスをなめてかかっているのです。

そのころ、ソ連は支那事変で泥沼の日本に挑発を続けていました。そして五月、満洲国とモンゴルの国境ノモンハンで日ソ両軍が激突します。

ソ連は共産主義を掲げ、孤立しています。日本は中華民国を応援する英米ソ三国と緊張関係にありますが、孤立から抜け出そうとドイツに傾斜しかけています。ヨーロッパでは、英独ソの三国がにらみ合っています。アメリカは、フランクリン・ルーズベルト大統領が中華民国に肩入れしていますが、国策としてはアジアにもヨーロッパにも不干渉政策です。戦争と関係しなければ、繁栄を謳歌できる国なのですから、当然でしょう。

アジアではノモンハンで激闘が続き、ヨーロッパでは英独の緊張が高まるなかの八月二十三日。世界を驚天動地に陥れる事件が発生します。

独ソ不可侵条約が結ばれたと発表されたのです。ヒトラーは共産主義を忌み嫌い、ラパロ条約以来の独ソ友好を捨てていました。ところが、一夜にしてスターリンと手を組み、世界の地図を塗り替えたのです。日本の平沼首相などは「欧州の天地は複雑怪奇」と言い残して、内閣総辞職してしまいます。使えないやつです。なんで、ヒトラーの背信を理由に、日英同盟を復活させないのか。大久保、伊藤、桂なら嬉々としてそうしたでしょうが、そんなことができる政治家は一人もいませんでした。

独ソ両国の間には、ポーランドという国があります。二十五日、イギリスは慌てて英波相互援助条約を結び牽制しますが、独ソ両国とも準備万端に決まっています。

九月一日、ドイツ軍はポーランドに侵攻します。電撃戦の始まりです。ポーランド軍はドイツ軍の戦車に騎兵（！）で立ち向かい、一時は戦線を乱すほどの奮闘を見せますが、大局的には一方的に蹂躙されました。このとき、ヒトラーは「安楽死作戦」と称し、障碍者の組織的殺害を指令します。「優秀な人間しかいらない」とする優生思想が、本性を現しました。狂気の本格化です。

九月三日、英仏はドイツに宣戦布告します。ミュンヘン合意を覆したヒトラーを許しては、大国の威信にかかわります。当然です。しかし、戦争準備が整っていませんでした。だから戦闘は起こしません。宣戦布告をしながら一発の弾も撃たないので、「奇妙な戦争」と呼ばれました。なぶり者にされるポーランドを尻目に、ヨーロッパは不気味な緊張に包まれます。

九月十五日、東郷茂徳駐ソ大使とヴャチェスラフ・モロトフ外相がノモンハン事件（ハルハ河紛争）の停戦協定を結びます。日本は支那事変の真っ最中に、ソ連と戦う気などないので、単なる国境紛争として処理できればよかったのです。

実は深刻だったのがソ連で、精強な日本軍の前に五倍の数の兵力でありながら劣勢を強いられ、死傷者は自分たちのほうが多いという、大敗に等しい戦況だったのです。その情報をひた隠しにし、なんとか外交交渉では引き分けに持ち込みました。

ソ連軍の最高司令官のゲオルギー・ジューコフは、のちにドイツ軍との戦いを勝利に導いた名将ですが、もっとも苦戦した戦いとして「ハルハ河」と即答しています。

スターリンは、大国相手の二正面作戦を絶対にしません。日本との和睦で後顧の憂いを絶った九月十七日、満を持してポーランドに侵入します。

哀れ、ポーランドは独立を回復してから二十年で、再び地図上から消されました。それだけでなく、戦後も共産主義者の圧政に四十五年も苦しめられることになります。

戦争は一九四〇年に入り、本格化します。四月九日、ドイツはデンマークを四時間で制圧、ノルウェーに侵入したのを皮切りに、五月十日にベネルクスを席巻します。イギリスは、チャーチルが挙国一致内閣を組んで徹底抗戦の構えです。

勢いに乗ったドイツ軍はフランスに侵攻。六月十四日には、パリを占領しました。六月二十二日、コンピエーニュの森で休戦協定を結びます。この場所は第一次大戦の休戦協定が結ばれた場所で、ヒトラーはその調印式で使われた列車を博物館から引っ張り出してきて署名させました。こんな話ばっかりです。ちなみに、この列車は四年後にドイツが撤退するときに焼却されています。

西欧はヒトラーの手に落ちました。その間、東欧ではスターリンが火事場泥棒的にバルト三国を侵略しています。フィンランドはソ連の侵略に抵抗しますが、風前の灯火です。もはや、イギリスは孤立してしまいました。

こうしたドイツの圧倒的な勢いに、日本では「バスに乗り遅れるな」が合言葉となります。前年の独ソ不可侵条約という背信などなかったことにして、三国同盟を結ぼうというのです。そうした勢力が政変を起こし、七月二十二日、第二次近衛文麿内閣を樹立します。外務大臣には、松岡洋右が据えられました。

第十二節　「三国同盟」——松岡洋右の失敗

ドイツといえば松岡、たいていの人は勘違いしていると思います。

通説

松岡洋右は悪いやつだ。三国同盟を結び、日本を地獄に叩き落とした。松岡のような親独派が、国を過ったのだ。

これを「霞が関正統史観」と言います。最近の外交官は外交史の勉強をロクにしていませんから、こういった松岡に気の毒すぎる歴史観を信じているようです。

満洲事変のところでさらりと述べましたが、本来の松岡は親英派です。詳しくは、『真実の日米開戦　隠蔽された近衛文麿の戦争責任』（宝島社、二〇一七年）をどうぞ。

しかし、日英同盟廃止～国際連盟脱退～支那事変と続き、日英は対立し、利害は完全に衝突しています。ことごとく日本にメンツを潰されるので、イギリス国内の親日派の発言権がゼロになっているのです。まともな話し合いにならないのです。そこで松岡は、日独伊三国同盟を結び、その力でソ連を巻き込んで四国同盟とし、さらにその力で英米と交渉して和平に持ち込み、支那事変を解決しようとしたのです。アクロバティックすぎると思われるでしょうが、満洲事変（上海事変）のような正攻法でイギリスと話ができるならやっている、が松岡の言い分です。

九月十九日、御前会議で三国同盟締結が決定されます。条約ですから、枢密院に諮詢されます。二十六日、ここで我らが菊ちゃんが「フレデリック大王以来、プロイセン・ドイツと組んで幸せになった国はない」と四十五分にわたる大演説をしています。多分その場にいた大抵の人の感想です。「フレデリック大王って、誰？」。フリードリヒ大王の英語読みです。わざわざ英語読みするのが外交官らしい嫌みです。

曰く、「七年戦争で、フランスのルイ十五世はフレデリック大王に騙された。ビスマルクはオーストリアとトルコを馬のごとく扱った。さすがイタリアはドイツを裏切って英仏についたので幸せになった。イタリアも信用できない国だが、ヒトラーは吸血鬼のようなやつだ」と。菊ちゃんは、防共協定の時代から「やればやるほどコミンテルンが調子に乗っているではないか」と、こき下ろしていました。

しかし、もはや日本に石井菊次郎の正論に耳を傾ける人はいませんでした。いても、時代の空気に逆らえず、何も言えません。菊ちゃんとて、「同盟には賛成だが」と断ったうえでの嫌みです。

枢密院が本気で反対すれば、政府とて簡単に三国同盟を結べません。言ってしまえば、枢密院には拒否権があるのです。しかし、枢密院は官界で功成り名を遂げた人の集まりです。今で言えば、「歴代事務次官ＯＢ会議」みたいなものです。「責任ある政府がやると言っていることに事を荒立てても仕方がない」という空気なのです。菊ちゃんを含めて、誰もちゃぶ台返しができないのです。責任ある政府がもっとも無責任なことをやろうとしていることは、わかっているのに。

翌日はベルリンでの調印式です。だったら、ここで騒ぎを起こせばつぶせる、少なくとも延期には持ち込めるのに誰もやらない。だから、地獄に落ちるのです。このときの石井菊次郎七十四歳。終戦時の鈴木貫太郎首相より三歳若いではないか、というのは酷でしょうか。

九月二十七日、三国同盟が結ばれました。大日本帝国を滅ぼした条約です。ゆえに松岡洋右は外交史では極悪人とされます。結果として松岡は、その評価を甘受しています。ただし松岡にも言い分があり、三国同盟には、参戦の義務がありません。だからドイツが英米と戦争を始めても、日本は無視していいのです。これが松岡の仕掛けた罠だったのですが、問題は日本政府がそれを生かせなかったことです。

ブリテン島は空襲にさらされますが、チャーチルは徹底抗戦の構えです。英独は、ヨーロッパ以外でも戦闘を拡大しています。北アフリカでは「砂漠のキツネ」ことエルヴィン・ロンメルが、イギリス陸軍のバーナード・モントゴメリーと激闘を繰り広げています。

これは歴史の謎なのですが、一九四〇年十二月十八日に、ヒトラーは翌年五月までの対ソ戦準備を発令しています。諸説ありますが、イギリスが片付かないのにソ連に攻め込むなど、ナポレオンの轍を踏みにいくようなものです。あまりにも不合理でした。

意外に知られていませんが、松岡は英独戦の調停を持ちかけています。一九四一年二月二十四日、重光葵駐英大使を通じて申し入れましたが、拒否されました。この段階では、やむをえないでしょう。

三月、松岡洋右は訪欧します。ドイツではリッベントロップからシンガポール攻撃を要請されますが、やんわり断ります。三国同盟の真意は対英和平なのですから、ドイツの都合で使われる気はありません。リッベントロップからは対ソ戦を示唆されていますが、これは半信半疑にしかなれないでしょう。ドイツにとってあまりにも不合理な選択ですから。しかも、ドイツはバルカンで足を取られました。同盟国のイタリアが苦戦しているので、救援に兵を割いたのです。これで五月のソ連侵攻は無理となりました。

四月十三日、松岡はモスクワで日ソ中立条約を結んできます。四国同盟への布石です。独ソ戦を前になんと愚かな、というのは結果論です。これまた松岡を弁護しておくと、このときの日本は支那事変も片付かないのにアメリカから経済封鎖を受け、戦争寸前です。それに対し、ソ連の動きを止める条約が必要だと考えたのです。

近衛内閣では北進論と南進論が激しく争っていました。ソ連と戦うか、米英と戦うかです。これに対し松岡は、正解を理解していました。「北守南守」です。要するに、支那事変も片付かないのに、新たに大国相手の戦争をしないということです。ただし、どちらかといえば対米英戦回避です。日ソ中立条約など、状況によっては破っていいと考えていました。ソ連は国際法違反の常習犯です。国際法は、誰か一人が破れば、守らなくてよいのです（この原理は、『国際法で読み解く世界史の真実』PHP研究所、二〇一六年を参照）。

五月二十八日、松岡は独ソ戦の回避を伝えます。「やめとけよ」と忠告するのは当然です。しかし、リッベントロップからは「不可能」と回答が来ました。本気か……。ならば、次善の策を採らざるをえません。

六月二十二日、ドイツは突如としてソ連に攻め込みました。バルバロッサ作戦の発動です。初動で、ドイツ軍はソ連を蹂躙していきます。

即日、松岡は宮中に参内し、対ソ戦を奏上しました。二十四日、松岡はソ連のコンスタンチン・スメタニン駐日大使を呼び出し、「三国同盟に抵触すれば、日ソ中立条約は停止する」と言明します。スメタニンは震え上がります。ついでに言うと、この瞬間、ヒトラーの奇襲に驚いたスターリンは別荘に逃げ込み、怯えていました。ここで松岡の言うとおり対ソ戦を敢行していたら、樺太やウラジオストクは軽く攻略でき、さらにバイカル湖あたりまでの占領は問題なくできたでしょう。その後どうするかは、知りませんが。

ただ、松岡の失敗は、己のアクロバティックな外交を、政府内合意にできなかったことです。松岡の考えることはブッ飛びすぎていて、近衛文麿首相や東条英機陸相らの不信を招いていました。

七月十六日、近衛は内閣総辞職します。七月十八日、大命再降下で第三次内閣を組織します。松岡洋右を外すためだけの総辞職でした。文句をつける方法のない形で、松岡は更迭されます。

残されたのは、三国同盟、日ソ中立条約、そして米英との対立でした。松岡の意図は完結せず、ファシストと手を組み自由主義の国を敵に回す結果となりました。

第十三節　「第二次世界大戦」――アメリカの思惑

第三次近衛内閣は、対米交渉に臨みました。みんな勢いで「鬼畜米英」と言っていたのですが、支那事変も片付かないのに米英と戦争をするなんて本気では考えていないのです。お役所仕事のポジショントークです。よく、日本は侵略戦争を行ったと評する人がいるのですが、褒めすぎです。真面目に侵略をしようなんて考えている人は、一人もいません。あえて言うなら、日ソ中立条約を破棄しようとした松岡洋右ただ一人でしょうか。そんなものが、この時代に侵略（国際法的な正確な用語では、侵攻）として扱われるかどうかは別にして。

まさに松岡は、日本人の心性ではついていけないから排除されたのです。昭和天皇のような知的な常識人から、近衛文麿のような人格異常者、東条英機のような木っ端役人の誰からも嫌われたのが、松岡です。戦前の日本人が侵略（侵攻）を考えていたなど、日本のことを理解していない人の空想でしょう。

さて、対米和議を求める近衛首相と、ポジショントークで進軍ラッパを鳴らすだけの東条陸相が対立します。この愚かしいお役所仕事ぶりは、『お役所仕事の大東亜戦争』（三才ブックス、二〇一五年）をどうぞ。

一九四一年十月十五日、ゾルゲ事件が発覚します。第一次内閣以来、近衛側近に大量のソ連のスパイが入り込み、支那事変と対米英強硬論を煽り、国策をそちらに誘導していたというのです。朝日新聞記者で内閣嘱託の尾崎秀実《ほつみ》、駐日ドイツ大使館に出入りしていたリヒャルト・ゾルゲなどが逮捕されました。

尾崎やゾルゲに踊らされた人は、大半が熱心な愛国者で、ドイツと組むことが日本の国益だと信じて疑いませんでした。結果、三国同盟を結び米英との対立が後戻りできないようになってみると、ソ連だけが喜んでいます。駐日ドイツ大使館は自国に有利になるように大量の協力者を形成していましたが、日本を操っていたつもりで、自分たちもまとめてソ連に操られていたのでした。

さて、最近流行の言説。

通説

保守言論界では、コミンテルン陰謀論が流行している。日本の戦争はコミンテルンに操られて行われたという説だ。しかし、この説の根拠となる史料を検討してみると、コミンテルンにそんな力はないとわかる。

検証しましょう。

第一に、「保守言論界では、コミンテルン陰謀論が流行している」です。

これは事実です。確かに「万能論」の意味で「陰謀論」を語る人がいます。なんでもかんでもコミンテルンがやったわけではないですし、まして万能だったはずがない。この世に万能の陰謀を企む能力のある個人や組織など、存在するはずがありません。

こういう常識の通じない人が保守言論界の多数派なのは、眉をひそめたくなります。それに憤った倉山満という人が、『週刊SPA!』という雑誌の「言論ストロングスタイル」という連載で、「保守っぽいこと言うのは勝手だけど、ちゃんと勉強してから言いましょうね」と毎週のように説教しているので、ご購読ください。峰なゆかさんの「アラサーちゃん」もよろしく！

第二に、「日本の戦争はコミンテルンに操られて行われた」という説です。

そもそも、「陰謀」「操る」の定義です。すべてを「操る」と言う意味での「万能」はありえないのですが、陰謀がゼロだったというのも、ありえないでしょう。保守を気取る人が愚かな説を取り上げるのは勝手ですが、曲解はしないほうがいい。推奨図書として、江崎道朗『コミンテルンの謀略と日本の敗戦』（PHP研究所、二〇一七年）を紹介しておきますから、「通説」を信じている人は、しっかり勉強してほしいと思います。同書は、コミンテルン万能論も陰謀不在論も共に退け、史実に基づいてコミンテルンをはじめソ連の工作機関に何ができて、何ができなかったかを縷々記述しています。

第三に、「この説の根拠となる史料を検討してみると、コミンテルンにそんな力がないとわかる」です。

こういう生意気な言い方をするご仁に限って、「情報史学」という学問分野をご存じない。その典型例の悪書として、秦郁彦『陰謀史観』（新潮新書、二〇一二年）を挙げておきます。秦氏といえば、慰安婦問題で韓国に厳しいので保守言論界でもてはやされていますが、南京事件に関しては、保守言論人の唱える「まぼろし」説も、中国が唱える「虐殺数十万人」説も共にまちがいだとして、「被害者数万人説」を唱えて双方の恨みを買った人です。漫画家の小林よしのりさんに、その説のいい加減さを徹底的に否定されたうえで「南京〝中〟虐殺説」と揶揄されたまま、有効な反論をしたという話を聞かない方なのですが、どうしたのでしょう。

悪書『陰謀史観』は、アメリカ軍がソ連の情報を傍受した史料をまとめた「ヴェノナ文書」を「信用ならない」と決めつけて、コミンテルン陰謀論を唱える者は「ヴェノナ文書」を信じる愚か者とばかりに罵倒を繰り返しています。問題は、なぜ信用ならないかの根拠が、秦氏の著作で示されていないことです。だいたい秦氏は「日本陸軍の陰謀」を散々書きまくって出世した人ではなかったっけ？　という記憶が……。

秦氏、若いころは、『太平洋国際関係史―日米および日露危機の系譜　1900-1935』（福村出版、一九七二年）とか、『昭和財政史　終戦から講和まで（3）アメリカの対日占領政策』(大蔵省財政史室編、東洋経済新報社、一九七六年)とか、ちゃんとした本も書いていて勉強させてもらったので、なんとも微妙な気分なのですが。専門外の人は、今や昭和史の権威となっている秦氏が言うことならと信じてしまうのも仕方がないのですが、いずれにしても『陰謀史観』のような悪書は真に受けないことです。

本題に戻ると、近衛内閣の退陣を受けて、東条英機が首相になりました。途端に対米和平交渉を本気で始めます。日本の事情を知らない人は、「昨日まで対米開戦を煽っていた人がなぜ?」となるのですが、立場が変われば一瞬にして言動を百八十度変えるのが、日本の小役人です。もっとも、なぜそんな小役人が大臣どころか総理大臣になるのかと聞かれると、頭を悩ませるしかありません。

十一月二十六日、アメリカからハルノートが届きます。細かい話はすっ飛ばしますが、真面目に話をする気がないという意思表示です。一つ例を挙げると、「三国同盟の死文化」を要求してきました。そんなの別にやってもいいじゃん、ではないのです。では、逆に日本が「イギリスや中華民国への支援をやめろ。中立義務違反だ」などと切り返せばどうなるのか。この時点で、日本と中華民国、ドイツとイギリスの戦いで、アメリカは一方に肩入れしています。自分を棚に上げて、日本にだけ同盟を切れと言う。では、それを受け入れたあとにどうなるか？　さらなる要求を突き付けてくるに決まっています。だから、真面目に話をする気がないという意思表示なのです。

要するにアメリカは、というかフランクリン・ルーズベルトは日本と戦争がしたかったのです。何せこいつ、ウィルソンの焼き直しみたいなやつですから。

ちなみに、よくある俗説です。

俗説

フランクリン・ルーズベルトは、友好国のイギリスを助けるために、ドイツと戦いたかった。しかし、アメリカ世論はヨーロッパへの戦争介入を望んでおらず、ルーズベルトも戦争をしないと公約していたので、自分から宣戦布告をできなかった。そこで中立義務を無視しドイツ海軍を攻撃して挑発してみせたが、ヒトラーは乗らなかった。そこでドイツの同盟国の日本を挑発したら見事に自分から真珠湾攻撃をしてくれたので、晴れてドイツとの戦争に参加できた。

これは「裏道参戦論」と言います。成立しません。

思い出していただきたいのは、三国同盟には、参戦義務がないことです。だから、ドイツが日本に黙って独ソ戦を始めたとき、日本は参戦しませんでした。同じように、日本がアメリカと戦争を始めたときに、ドイツがアメリカに宣戦布告をする義務はないのです。ヒトラーといえば、国際法破りの常習犯です。そのヒトラーがなぜ、日本との同盟にだけ義理立てするのか。結果論から逆算しがちですが、現実にはヒトラーが対米参戦で義理立てしたという事実こそが、歴史の謎なのです。

日本を挑発すればドイツと戦争できるなど、予見可能性がありません。だから、フランクリン・ルーズベルトは何がなんでも日本と戦争をしたかった狂人としか言いようがないのです。

かくして、ヨーロッパ戦線ではドイツは米英ソを、アジア太平洋戦線では日本は米英支を敵に回し、大戦争を行うことになります。

一九四三年までは日独両国ともに健闘しました。日米のミッドウェー海戦はいまだに世界史上最大の海戦です。クルスクの戦いはいまだに世界史上最大の陸戦です。

アメリカ海軍もソ連陸軍もよく戦いました。

とくに、ミッドウェーで圧倒的な戦力を誇る帝国海軍に対し、勇敢に戦い勝利したチェスター・ニミッツ提督とアメリカ海軍を褒め称えるべきでしょう。

クルスクでは、双方ともに百万の大軍を動員し、大戦車戦が繰り広げられました。ドイツ国防軍の名将エーリッヒ・フォン・マンシュタイン元帥を相手に、ジューコフはよく凌ぎ、反転攻勢で勝利しました。これがドイツ軍最後の攻勢で、以降は撤退戦です。

多くの国民が塗炭の苦しみを味わいました。

ヒトラーは一九四五年四月三十日、ベルリンの陥落を見ることなく自決します。

ドイツも日本も廃墟となりました。

第六章　ドイツ連邦共和国

主な登場人物

コンラート・アデナウアー（一八七六年〜一九六七年）狡知の政治家。吉田茂のような単細胞とは違う。
吉田茂（一八七八年〜一九六七年）本人がその場しのぎでやったことが、なぜか崇められる人。
ラインハルト・ゲーレン（一九〇二年〜一九七九年）ドイツを賢い国にした人。
ヘルムート・シュミット（一九一八年〜二〇一五年）そういえばこの人、社民党の政治家だった。
福田赳夫（一九〇五年〜一九九五年）本書の主要人物に並ぶには小物すぎるが、なぜかラインナップ。
ヘルムート・コール（一九三〇年〜二〇一七年）ドイツ統一の英雄だが、晩節を汚した。
ハンス＝ディートリヒ・ゲンシャー（一九二七年〜二〇一六年）国内外の外交に長けていた。
オットー・フォン・ハプスブルク（一九一二年〜二〇一一年）イエズス会始まって以来の英才とか。
ゲアハルト・シュレーダー（一九四四年〜）どこまでも見苦しい男。
アンゲラ・メルケル（一九五四年〜）現首相。あんまり日本は好きではないみたい。
野田聖子（一九六〇年〜）昔はよかった（何が？）。今は知らん（何が？）。

概略図「東西ドイツ」

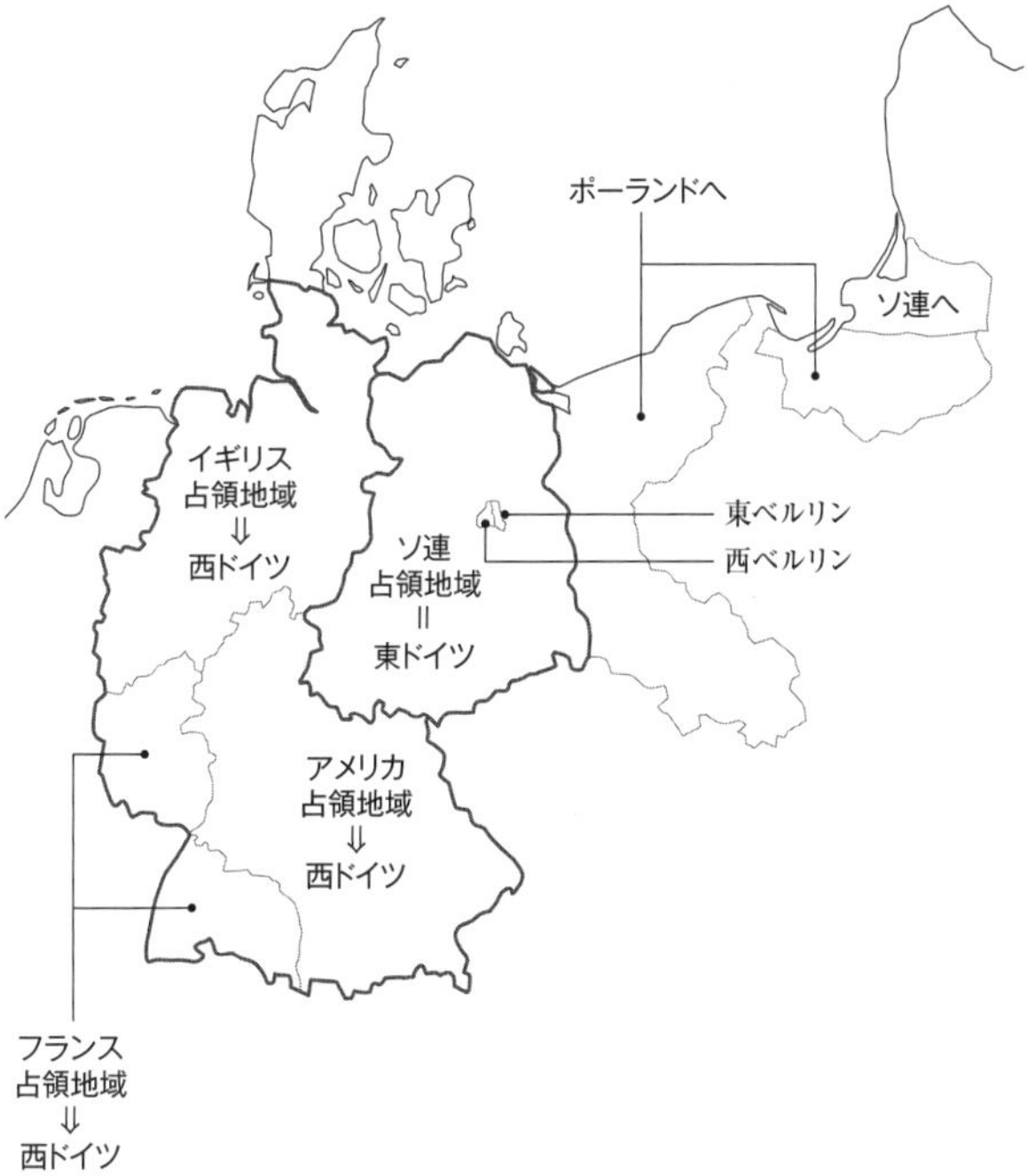
ポーランドへ
ソ連へ
イギリス
占領地域
⇓
西ドイツ
ソ連
占領地域
＝
東ドイツ
東ベルリン
西ベルリン
アメリカ
占領地域
⇓
西ドイツ
フランス
占領地域
⇓
西ドイツ

第一節 「ポツダム宣言」——無条件降伏と条件付き降伏

ヒトラーは自殺の直前、長年の愛人エヴァ・ブラウンと結婚式を挙げ、遺書をしたためました。

その遺言により、カール・デーニッツ海軍元帥が大統領に就任しました。唯一の仕事は、連合国への無条件降伏の手続きを執り行うことです。一九四五年五月八日、無条件降伏を行います。

無条件降伏とは、すべてを相手に委ねるということです。デーニッツの政府は、連合国を構成するソ米英仏の四か国の管理下に置かれることになります。

五月二十三日、デーニッツの政府は拘束されました。まず政府所在地がイギリス軍に包囲されます。デーニッツは連合国が司令部を置いたホテル船パトリアに呼び出され、ドイツ事務管掌内閣の解散と拘束が告げられます。デーニッツとその随員が船を離れるや、イギリス兵は外務省の会議室に突入します。すべてのドイツ人は裸にされ、屈辱的な身体検査を受けさせられます。身体検査は、将校も女性秘書も同時です。イギリス兵は金目のものは奪い、彼らを中庭に連行しました。そこには新聞記者が待ち構えていて、ズボンを脱いだ閣僚やドイツ軍高官の写真を撮りました（ヴェルナー・マーザー『現代ドイツ史入門』小林正文訳、講談社、一九九五年）。

……戦争には、負けたくないものです。

思えば、ヒトラーも「ドイツの法則」を体現していました。生真面目を通り越して病的に神経質、勢いにはこれ以上ないほど迷惑に乗る、そして詰めが甘く大コケにこける。ナチス・ドイツと組んで世界中を敵に回してしまった大日本帝国も、明日は我が身です。

七月十七日から、ポツダム宮殿で連合国首脳が集まり、ドイツの戦後処理と対日方針を話し合っていました。主な議題はヨーロッパ問題で、日本はオマケのような扱いです。

ソ連代表は、独裁者スターリン。アメリカ代表はフランクリン・ルーズベルトが急死していましたので、ハリー・トルーマン副大統領が大統領に昇格していました。イギリスは、チャーチルが総選挙で敗北して退陣したので、会議の途中からは後継首相の座に就いたクレメント・アトリーが代表でした。

七月二十六日、米英と、この場にいない中華民国主席蔣介石の四人の名で、日本に対しポツダム宣言が発せられました。ソ連は、中立条約を破って日本にだまし討ちをしてから、ポツダム宣言に加わりました。

ポツダム宣言に関しては、いまだにまちがいが教えられています。

通説

一九四五年八月十五日。日本はポツダム宣言を受け入れ、無条件降伏した。

条文を読めば、嘘は一発でわかります。第五条で「吾等ノ条件ハ左ノ如シ」と言っているのだから、条件付き降伏です。ポツダム宣言は、連合国も拘束する条約なのです。第十三条には「吾等ハ日本国政府カ直ニ全日本国軍隊ノ無条件降伏ヲ宣言シ且右行動ニ於ケル同政府ノ誠意ニ付適当且充分ナル保障ヲ提供センコトヲ同政府ニ対シ要求ス」とあり、日本「軍」の無条件降伏を求めています。日本「国」が無条件降伏したのではありません。

ただ、軍隊が武装解除してしまっては、連合国が条約違反をしても、阻止したり咎めたりする方法がありません。実際には連合国の大部分を構成するアメリカ軍は、やりたい放題をやってくれました。アメリカ軍が進駐してきた際、神奈川県下では最初の十日間で一三三六件の強姦事件が発生したほどですから。

九月六日には、アメリカ国務省は「日本とは契約関係ではない。無条件降伏として扱う」との方針を決めています。

……戦争には、負けたくないものです。

第二節「総力防衛」——加害者ナチスと被害者ドイツ人の構造

総力戦とは何か？　大国同士が、相手の総力を潰すまで戦う戦争と指摘しました。

宗教戦争と決別したウェストファリア体制において、外国と戦争して滅ぼされないことが大国の条件でした。また、ウェストファリア体制においては、宗教戦争期に見られたような相手の総力をつぶしにいくような戦争は、どの国もしませんでした。それが文明国の条件だったからです。ただし、相手を文明国と認めない植民地征服戦争においては、相手の総力をつぶしにいきました。そうして植民地にするからです。総力をつぶされるということは、文明国の条件を満たしていないと看做されたからです。

ところが二つの世界大戦では、大国でありながら、征服された植民地のごとく総力をつぶされて負ける国が出てきました。ハプスブルク帝国、ドイツ帝国、第三帝国、大日本帝国です。

第三帝国というのは、ヒトラーが神聖ローマ帝国を第一帝国、ドイツ帝国を第二帝国とし、自分をその後継者と位置づけた名称です。

ハプスブルク帝国は、第一次大戦で地球の地図から消されました。オーストリア共和国という国は残りましたが、もはや地名にすぎません。

同じように、大日本帝国も第二次世界大戦で地球の地図から消されました。日本国という国は残りましたが、もはや地名にすぎません。

ドイツ帝国は第三帝国として復活しましたが、やはり第二次世界大戦で地球の地図から消されました。しかも、ソ連とアメリカに東西分割されました。西から米英、東からソ連と、末期ナチス・ドイツは、連合軍に挟撃されました。それでも、ソ連より米英のほうがマシだと考えた国防軍は、東部戦線での抵抗に重きを置きました。国防軍は何度もクーデターやヒトラーの暗殺を計画していましたし、「ソ連が攻め込む間に、さっさと米英が占領してくれ」とすら思っているのです。ところがアメリカ大統領のフランクリン・ルーズベルトはソ連に勝ちを譲るかのごとく、遠慮した進撃速度です。ルーズベルトの動機は歴史の謎ですが、こういう態度が「ルーズベルト＝ソ連のスパイ」説を招いたりするのです。

いずれにしても、西部戦線のチンタラした行動が原因で、東部戦線のドイツ軍はソ連の侵攻を支えきれず、本土に雪崩れ込まれました。米英軍が神速の進撃を見せていれば、分割統一はなかったであろうに……。西ドイツも外国に占領される悲惨さを味わいますが、東ドイツは人倫など意に介さないソ連の占領ですから、なお悲惨です。

しかし、西ドイツはあきらめていません。本章で学ぶのは、なぜ民族分断の憂き目を見たドイツが統一を果たし、再び大国の地位を窺うまで復活できたのか、です。

総力戦とは相手の総力をつぶすこと、そして戦闘が終わってからが本番なのです。

西内雅「総力戦の一戦史（下）」（『世界と日本』一九八〇年九月号）という、おそらく研究者も含めて知られていないであろう論文は、「総力追撃」という概念を重視します。

敵が戦争意思を放棄すれば、武力戦は中止される。しかし、その他政治、経済、思想の手段を尽して、戦争目的の達成を確乎たらしめる。その時、原則としては敵を徹底的に壊滅し、再び国際社会で雄を競う能はざらしめる。従って、敗者は武力戦を中止すると共に、総力防衛・総力退却によって、国家・伝統・文化・社会の保持に努める必要がある。しかし、敗者がかような措置をとることは甚だ困難であって、滅亡、少なくとも大きな禍根を残す公算が極めて大である。

見事なまでに、日本と西ドイツが置かれた状況そのものです。

西内さんは、戦時中に設置された内閣総力戦研究所の教官でした。総力戦研究所とは、近衛内閣が軍官民から平均年齢三十三歳の優秀な人材を集め、対米戦のシミュレーションをさせた機関です。結果、真珠湾攻撃と原爆以外、すべてそのシミュレーションのとおりになりました。真珠湾攻撃は山本五十六の定跡はずし、原爆は予見不可能ですから、彼らのシミュレーションは完璧でした。問題は、「対米戦不可」を進言する彼らの意見は何ひとつ採用されなかったことですが。

西内さんの言っていることで重要なのは、「総力防衛・総力退却によって、国家・伝統・文化・社会の保持に努める必要がある」です。まさに我が国は、占領政策によって見事に破壊されました。西内さんは、祭祀・習俗・法のひとつでも変えられてはならないと強調していますが、日本はすべていいようにやられたと慨嘆しています。すなわち、神道の否定、家族制度の破壊、日本国憲法の押し付けです。

では、西ドイツはどのように「総力防衛」を行ったのでしょうか。西ドイツは、復讐裁判・憲法・教育を重視しました。

復讐裁判・憲法・教育は、まさに南北戦争の北軍が行ったことです。北軍は、南軍の指導者を裁判と称する一方的なリンチにかけ、憲法を押し付けるどころか「アメリカ連合国」という国が存在した事実を否定し、南部は奴隷制という人道に反する悪いことをやったという教育を行い、全世界に認めさせています。

この面は、日本を占領した連合軍も同じです。

第一に、復讐裁判です。満洲事変・支那事変・大東亜戦争の指導者を東京裁判と称する一方的なリンチにかけました。戦争の呼称も日本国の正式名称を使わせず、満州事変・日中戦争・太平洋戦争と変えさせました。満洲にサンズイをつけさせない理由は、『嘘だらけの日中近現代史』を参照してください。

第二に、憲法です。日本という国自体は残しましたが、日本国憲法制定により徹底的に大日本帝国憲法の価値観を否定しました。それがどれくらい徹底しているか。敗戦後の日本の言論界では「帝国憲法」の名は触れてはならないタブーなのです。日ごろは「GHQの占領体制は今も続いている」と主張する保守論客が「明治憲法」の名前でしか本が出せない。「帝国憲法」の名を出した瞬間、袋叩きにされるという徹底ぶりです。せいぜい、明治神宮編『大日本帝国憲法制定史』（サンケイ新聞社、一九八〇年）のような歴史的な研究書があるくらいです。なんと、「帝国憲法」と名がつく本格的な著作が、倉山満『帝国憲法の真実』（扶桑社、二〇一四年）なのです。それでようやく「帝国憲法」という名がつく本が出せる環境になったのですが、「戦後レジームからの脱却」を唱える自民党でも「帝国憲法」の名を出した瞬間、誰も話を聞いてくれません。

第三に教育です。東京裁判の歴史認識である「大日本帝国は、侵略や虐殺をした悪い国だった」、日本国憲法の前提である「明治憲法は悪い憲法だった。だから戦前の日本は悪いことをした」という価値観を教育により定着させます。

現代の世界中どこででも、アメリカ南部の奴隷制、ナチス・ドイツ、そして大日本帝国が行った昭和の戦争は、褒めることが許されないタブーです。

では、西ドイツはどうしたでしょうか？

すべてをナチスに押し付けて逃げました。詐術の限りを尽くして。

まずは、復讐裁判です。

一九四五年、十一月二十日。連合国はナチスとその協力者を裁く、ニュルンベルク裁判を開始します。翌年の判決で、ほとんどの被告が有罪となりました。リッベントロップやヘルマン・ゲーリング空軍元帥は死刑、デーニッツは終身刑です。ただ、シャハト博士やパーペンら三人が無罪となりました。西ドイツは、この判決を受け入れるだけでなく、自らも非ナチス化裁判を行い、副首相やオーストリア大使としてヒトラーに協力したパーペンに八年の労働刑と財産没収の有罪判決を下しています。連合国に一方的に押し付けられるのではなく、自らの手でナチスを裁く姿勢を示したのです。

次に、憲法です。

ドイツ東部はソ連に、西部は米英仏に占領され四分割されていましたが、やがて東西の二分割となります。ソ連と西側諸国の冷戦が本格化し、米英仏は結束の必要を感じたのです。

一九四八年には、ベルリン封鎖が行われました。ドイツ東部のソ連占領地域にあるベルリンは、東西に分割統治されていました。西側から見ると飛び地です。ソ連は西ベルリンに向かう鉄道と道路を封鎖したのです。共産主義の東ドイツから逃げ出す人が、絶えなかったからです。陸の孤島となり物資が途絶えた西ベルリンに、アメリカをはじめ西側諸国は空輸で対抗します。冷戦期、ベルリンや東西ドイツは主正面となりますが、その嚆矢かつ象徴的な事件です。

こうして緊張が高まり、西側諸国も西ドイツの独立を考慮するようになります。いつまでも占領して、植え付けられた反感からソ連になびくやつが出てきても困ります。実際に遠く離れた日本では、なびくやつらが勢力を持っていましたし。ちなみに、日本人でソ連になびいたのは、東京大学と朝日新聞です。

こうした機運を利用し、西ドイツ人は憲法制定会議を自分たちで開きます。「戦う民主主義」を謳い、ナチスと共産党を事実上非合法化します。これでもかと西側に忠誠を誓う姿勢を見せるのです。そして、「憲法」ではなく、東西ドイツが統一されるまでの暫定的な「基本法」であるとしました。西ドイツはボンを首都としたので、ボン基本法と呼ばれます。

占領中に外国人がやっつけ仕事で作ったコピペだらけの作文を「憲法」として永遠に押し戴いておこうという、どこぞの極東のヘタレとは違います。といっても、憲法担当大臣の松本烝治や金森徳次郎ら心ある人たちは、「こんなまがいものの憲法モドキ、いつか捨ててやる」と思いながら日本国憲法の制定作業に従事していたのですが……（嘆）。

最後に、教育です。

西ドイツは、自らの手で非ナチス化裁判を行い、基本法を制定しナチスとの決別を鮮明にすることで、西側諸国との連帯を示します。そのことで、「悪いのはすべてヒトラーとナチスであり、自分たちも被害者なのだ」という詐術を用いているのです。

この点では、西側諸国にも後ろめたいことがあります。オーストリアやポーランドは、確かにドイツに侵略されました。しかし、その後はドイツに協力し、ナチスの侵略戦争に加担しています。命令されて、無理やり動員されたにしても。ユダヤ人迫害にしても然り、です。

ナポレオン戦争、第一次大戦、第二次世界大戦と三回も負けて、ドイツ人も狡猾になったのです。

第三節 「アデナウアー」――負けたフリをして西欧社会へ復帰

一九四九年四月四日、ＮＡＴＯ（北大西洋条約機構）が結成され、米英仏はソ連との対決姿勢を示します。五月十二日、ベルリン封鎖が解除されました。そして五月二十三日、ドイツ連邦共和国が建国されます。西ドイツの正式名称です。九月十五日、コンラート・アデナウアーが初代首相に就任します。

アデナウアーは、戦前は中央党の政治家で、戦後はカトリックだけでなくプロテスタントをも糾合して、キリスト教民主同盟（ＣＤＵ）を設立する中心人物になります。ちなみにドイツ通を気取る人は、キリスト教民主同盟をＣＤＵ、ドイツ社会民主党をＳＰＤなどと略して使いたがりますが、私は覚えていません。

さて、ここで通説。

通説

戦後日本は、防衛費を抑制して軽武装に徹し、経済成長に専念してきた。だから奇跡の復興が可能だった。

これ、永井陽之助という政治学者が流したデマです。これを永井は「吉田ドクトリン」と名付けました。吉田茂首相の「ドクトリン」こそが戦後日本の道筋であり、その衣鉢を継ぐ池田勇人や佐藤栄作こそが保守本流である、と続きます。さらに最近は、安倍晋三は保守本流から逸脱している、と続ける人が多いようです。

確かに敗戦後の日本は防衛費をGDP一%以内に抑制してきました。GDP一%は、そういう枠を作る前からそうで、佐藤内閣の時代は〇・五%にまで下げています。

では、同じように経済復興を遂げ、世界第三位の経済大国に上りつめた西ドイツの防衛費はどれくらいだったでしょうか？　二%です。ついでに言うと、シンガポールだって二

％です。敗戦後の日本も防衛費を倍かけたって、戦後復興と経済成長は可能だったのです。さらに言うと、防衛費拡大は景気刺激策としても有効で、戦後もっとも防衛費をかけたのは高度経済成長期の池田勇人内閣です。

吉田茂はアデナウアーと比較されることが多いのですが、吉田だって日本国憲法や防衛費抑制は暫定的な政策だと考えていました。しかし、いつかできるだろう思っていたら後継者に恵まれず、池田勇人まではその精神が伝わっていたけれども、佐藤栄作がぶち壊して今に至るのです。

さて、アデナウアーは一九六三年十月十六日まで首相を務めます。西ドイツを国際社会に復帰させた政治家です。

西ドイツ建国と時期を同じくして、ドイツ民主共和国（東ドイツ）が建国されます。当初、西ドイツは東ドイツを国家承認しません。台湾（中華民国）と中国（中華人民共和国）が相手の存在を認めないのと同じです。その中国は、一九四九年の十月一日に建国されました。

世界は、米英仏の西側陣営とソ中の東側陣営に分かれて戦います。西側陣営は、政治的には自由主義、経済的には資本主義を掲げ、「人を殺してはならない」という価値観を共有できる国々です。東側陣営は、経済的には共産主義を掲げ、「人を殺してはならない」という価値観を共有できない国々です。政治的には共産党一党支配のファシズムです。ファシズムとは、一国一党の政治体制で、国家の上に独裁党が存在します。

西ドイツは東ドイツと国境を接していますから、危ない連中と目の前で向き合っているわけです。

十一月二十二日、西ドイツは米英仏とペータースベルク協定を結びます。この条約で、主権の大半を回復し、西欧社会への復帰を認めてもらいました。連合国は西ドイツの経済復興を認めていなかったのですが、産業制限も緩和されました。ソ連と戦うには、西ドイツの経済力が不可欠だと考えていたのです。

一九五〇年六月二十五日、朝鮮戦争が勃発します。戦争はいつの間にか、国連軍を率いるアメリカと、毛沢東が送り込んだ中国人民解放軍の一騎打ちとなりました。戦争は三年後にスターリンが死ぬまで続きますが、アメリカは世界の半分を味方につけて負けに等しい引き分けでした。この戦争には、アメリカの同盟国の英仏だけでなく、直接の利害関係のないトルコまで戦っています。アメリカの戦争を手伝うことで同盟の義務を果たし、自分に何かあったときにも戦ってもらおうとの思惑、そして国境を接する仇敵ソ連に「いざとなれば殺しあいをする覚悟がある」との姿勢を示すのが目的でした。

隣国の日本は、吉田首相が「アメリカの番犬になる気はない」と憲法改正を拒否、戦争特需を利用して復興を軌道に乗せて悦に入っていました。アメリカをうまくあしらった気になっているのです。なお、日本は密かに機雷除去のための掃海艇を出動させて死者も出していますが、それだけです。「吉田ドクトリン」の信奉者は吉田のやり方をリアリストと称賛するのですが、英仏土といった諸国がアメリカに対し堂々とモノを言えるのに対し「日本は?」と考えたときに、それが本当に正しかったのかと疑問に思います。そもそも、吉田茂自体が「ドクトリン」などにする気はなく、その場しのぎの対処だったのですから。

なお、アデナウアーは朝鮮戦争を、のちに「経済の奇跡」と呼ばれる復興だけでなく、再軍備にも利用しました。ユーゴスラビアのヨシプ・チトーも、朝鮮戦争にスターリンがかかりきりなのを利用して、スターリンに盾突いています。明治の日本人がそうであったように、世界の偉大な指導者は地球儀を見て自国の対外政策を決めるものなのです。

西ドイツの外務省設置は一九五一年三月十五日ですが、その前からアデナウアーは勝手に外交を始めています。ゲルリッツ条約で画定された東ドイツとポーランドの国境をオーデル・ナイセ線にすることを事実上承認しました。今の統一ドイツとポーランドの国境です。この段階から「いずれドイツを統一したときは、ここを国境にしよう」と、未来を見据えて行動しているのです。

インテリジェンスも重視し、ゲーレン機関と呼ばれる陸軍情報部も積極的に活用しました。ラインハルト・ゲーレンは戦争中から活躍していましたがヒトラーに疎まれ、戦後はアメリカに協力することで生き延びました。西側諸国もゲーレン機関の情報を重宝したので、西ドイツの発言権が高まったのです。

一九五一年は、日本がサンフランシスコ講和条約を結び、独立を回復しました。宣戦布告で始まり講和条約締結で終わるウェストファリア型の戦争を、世界中がやめているときに日本は律義に儀式を守りました。一方、西ドイツはなし崩し的に戦争状態を終わらせます。この年、米英仏が立て続けに戦争状態の終結を宣言しただけで、ついぞ講和条約は結んでいません。

なお、一九五三年六月、東ベルリンでは労働者の蜂起がソ連に鎮圧されています。

一九五四年、占領状態の解消の宣言。一九五五年、主権の完全回復、WEU（西欧同盟）とNATOへの加盟。着々と主権国家としての実をあげていきます。米英仏の軍事同盟国として生きていくことを宣言した代わりに、認めてもらっているのです。同時期の日本は、米日安保条約を結んでいます。これは、アメリカが一方的に日本を守る条約です。一方的に守ってもらうとは、支配されているのと同じです。アメリカのなかにも日本の復活を恐れ、日本が西ドイツのような道を歩むことをおそれる意見もありました。今も「瓶のふた」論と言われて根強く残っています。

日本と西ドイツの歩みが正反対になったのは、西ドイツの場合は目の前に陸続きで東ドイツと背後にいるソ連の脅威があったからです。西ドイツがＮＡＴＯに加盟した九日後の五月十四日に、東ドイツはワルシャワ条約機構に加盟しています。

ユダヤ人への補償などナチスの戦争犯罪にも向きあう一方、アデナウアーはソ連とも話し合います。

一九五五年、アデナウアーは訪ソして国交を樹立し、抑留ドイツ人の帰還を実現しました。このころには「二つのドイツ」が固定化していますが、形式的には認めません。

なお、一九五四年から日本の鳩山一郎がソ連と交渉し、一九五六年に同じく抑留者の帰還を実現しています。鳩山がモスクワを訪れたとき、ソ連はハンガリー動乱で自由を求める若者を圧殺していました。それをアメリカが黙認するバーターで、日本の国連加盟が認められました。

一九五六年、西ドイツは連邦軍を発足させ、徴兵制を導入し、憲法裁判所が共産党の結成を禁止しました。これらは全部、日本がやっていないことです。

一九六一年、ドイツにとって大事件が二つありました。

一つは、四月のアイヒマン裁判です。アドルフ・アイヒマンはホロコーストに責任のある人物で、アルゼンチンに亡命していました。それをイスラエルが捕まえて強制連行し、自国で裁判にかけたのです。アルゼンチンの主権などモノともしない所業ですが、「こちらは六百万の仲間を殺されたんだ」と言われたら黙るしかありません。

西ドイツはユダヤ人への補償とナチスの戦争犯罪を追及する姿勢を示すのみです。

もう一つは、八月のベルリンの壁の構築です。経済成長著しい自由の国の西ドイツと、ソ連の恐怖に支配された東ドイツのどちらがいいか。言うまでもありません。亡命を図る人が後を絶ちません。そこで東ドイツは、ベルリン市内を壁で囲ってしまいます。これがベルリンの壁です。それでも多くの人々が自由を求めて壁を越えようとして殺されてしまいました。

十月には、ベルリンで米ソの戦車が対峙する事態となりました。この時代、いつなんらかの拍子で米ソが核戦争を起こして世界が滅びるかもしれないという危機感と隣り合わせだったのです。

一九六二年、キューバ危機が起こり、その危機があわや本物になりかけました。もちろん西ドイツは即座にアメリカを支持します。

末期アデナウアー政権には長期政権特有のほころびもあり、見苦しく権力の座にとどまるなど老醜をさらしましたが（こういうところは吉田茂に似ている）、一九六三年に八十七歳で政権の座を降ります。

とはいうものの、アデナウアーは西ドイツの道筋をつけました。その道筋とは、「負けたフリをする」です。

第四節　「福田赳夫とシュミット」――日独の典型的な差異

歌手一年、総理二年の使い捨て。

言った本人の竹下登の内閣は一年半しか持ちませんでしたが、確かに五年やれば長期政権という戦後日本の政権寿命は短すぎます。

ちなみに、アデナウアーが辞めたあとの西ドイツと統一ドイツの首相の任期です。

ルートヴィヒ・エアハルト（CDU）　一九六三年十月十六日～六六年十二月一日
クルト・ゲオルク・キージンガー（CDU）　一九六六年十二月一日～六九年十月二十日
ヴィリー・ブラント（SPD）　一九六九年十月二十一日～七四年五月七日
空白期は、副首相のヴァルター・シェール（自由民主党）による臨時代行
ヘルムート・シュミット（SPD）　一九七四年五月十六日～八二年十月一日
ヘルムート・コール（CDU）　一九八二年十月一日～九八年十月二十七日
ゲアハルト・シュレーダー（SPD）　一九九八年十月二十七日～二〇〇五年十一月二十二日
アンゲラ・メルケル（CDU）　二〇〇五年十一月二十二日～

アデナウアーを入れて八人です。同じ時期の我が国は返り咲きも一人と数えると、三十人です。西ドイツで「史上最弱の首相」と呼ばれるキージンガーですら、三年弱の任期です。日本だと長期政権扱いされかねません。

この秘訣を知りたいところです。それは三つあります。

第一は、首相を辞めさせない仕組みがあります。総選挙で政党は首相候補を公約しなければならず、選挙後の裏切りは許されません。単独過半数を獲得した政党がいない大乱戦だと選挙後に政権を獲るために反対党にでも投票するなどという、どこかの国みたいな卑怯な真似は許されないのです。内閣不信任案を出すときも同じで、「とりあえず辞めさせるために野合して、その後、誰が後継になるかは、そのときに決めよう」などという、いい加減な姿勢は許されません。

あと、日本では「総理大臣在任中に与党の党首選挙をやる」のに誰も疑問を抱きませんが、これは世界的に見れば異常です。確かに現職総理大臣が与党の党首選挙で負けるなんて、福田赳夫でなければ、ありえません。自民党総裁選で現職総理が負けたのは、その一例のみです。しかし、自民党総裁が総理大臣になるという戦後日本政治では、常に総理大臣は総裁再選のために党内実力者に気を配らなければならないのです。普通の国ではありえない、異常な光景です。

第二は、憲法観の合意です。西ドイツ及び現在の統一ドイツは、ナチスと共産党を非合法化しています。戦前日本の治安維持法に当たるようなことを、平気で憲法に書いていますす（詳しくは、『右も左も誤解だらけの立憲主義』徳間書店、二〇一七年で）。極端なことを言う輩を排除した、大多数の普通の人たちだけで政治を行っているのです。これが基本法で謳う「戦う民主主義」です。いかなる民主的手続きであろうとも、民主制を廃止することは認めないという合意ができているのです。もちろん、条文でキレイごとを言いながらヒトラーを生んだ、ヴァイマール共和国の反省です。

比例代表制ですから単独過半数を得る政党が出現することは稀で、すべての政権が連立政権です。しかし、首相は保守のキリスト教民主同盟と、リベラルの社会民主党からしか出ていません。しかし日本の社会党や民主党と違って、ドイツの社民党は「憲法典の文字を誤植ひとつも変えさせない」などという狂ったことは言いません。いざとなれば大連立を組みますし、六十回も基本法の改正をしています。

憲法、すなわち国家の運営に関する基本的なことに合意ができているので、足の引っ張り合いにはならないのです。

第三は、政党の近代化です。ドイツの政党はビスマルクの時代から存在するので、年季が違います。それを制度化し、税金から政党助成金を付与して近代政党をつくる動きを促しました。本当は日本の政党助成金も近代政党をつくるのが目的だったのですが、年末になるとこの金を奪い合う、実に前近代的な光景が繰り広げられるのはご存じのとおりです。

ドイツの場合は、政党助成金の一定の割合をシンクタンクに使うことを義務付けました。なぜそんなことが必要かというと、官僚に騙されないように賢くさせるためです。

官僚とは、絶対にポジショントークから離れられませんし、それを捨てたら官僚ではありません。だから、組織の利益のために嘘を言ったり、本当のことを隠したりするのは当然なのです。だから、官僚を動かす立場にある政治家は、官僚の話を聞く前に勉強して「頭をつくっていなければならない」のです。そのためにシンクタンクが必要なのです。

戦後日本を担ってきたのは自由民主党です。この人たちの功罪はいろいろありますが、勉強熱心なのは認めるべきです。普通の人は自民党政治家といえば、料亭で芸者を相手に宴会三昧と思っているかもしれませんが、あんなこと毎日はやっていません。むしろ、朝から勉強して、夜まで会議の連続です。そして、だからこそ自民党はダメ政党なのです。

では、その「勉強」とは何かというと、「官僚の話を聞く」ことなのです。

日本の官僚は、なまじっか優秀で真面目です。だから自民党は官僚機構そのものをシンクタンクとして重宝しています。自民党議員にとって勉強とは、官僚から知識を教えてもらい、情報をもらうことなのです。では、その官僚がまちがっていたら、どうするのか？

仮に、Z省とします。Z省は極めて優秀で朝から晩まで働いている真面目な人たちの集まりです。省内にも自由の気風があふれ、下の人間も上司の方針に対し異を唱え堂々と議論を挑んでも許されます。ただし、決まったことには絶対に賛成で、自分の意見を外部に漏らさないことが条件です。

ところがZ省では、いつの間にか「デフレ不況下でも増税だ」などと訳がわからない方針できあがっていました。ある官僚は上司に情理を尽くして毅然と異を唱えますが、決定には逆らえません。与党議員に増税の必要性を御説明に行く役回りを引き受けさせられました。ちなみに「御説明」とは官庁用語で、翻訳すると「洗脳」です。

ある官僚氏、「自分は役目がら増税の必要性を説いているのであって、反対してくださいよ」というニュアンスで御説明をしていました。ところが与党議員、まったく意図が理解できず、「自分は経済なんか興味がないけど、頭がいい官僚さんが言っているんだから、必要なんだ」と、熱心な増税派になってしまったとか。

なお、ドイツでは本当に国会で議論しています。与党の事前協議もなく、連立与党同士で議論します。議論が活発になるのは当たり前です。

日本では、実際の議論は与野党の事前協議で行っていますから、国会はセレモニーです。野党の質問にも、官僚が答弁を用意してくれます。

同じ敗戦国、経済成長を遂げた国ですが、なんだか差をつけられています。それが明確になった事件がありました。一九七七年のことです。

時の日本の総理大臣は福田赳夫。「世界が福田を求めている」「カーター、シュミット、フクダが世界の三羽烏」などと、よくわからないことを言っていました。ちなみにジミー・カーターとはアメリカ大統領で、当時から「弱虫カーター」「負け犬カーター」とバカにされていました。人権外交を振りかざして世界中を振り回す〝小型ウィルソン〟みたいなことをやって一期で退陣に追いやられ、辞めたあとは北朝鮮とズブズブの男です。こんなやつと自分を並べて、福田は何をしたかったのか。シュミットも迷惑だったでしょう。

一九七七年九月二十八日、日本赤軍というテロリストがハイジャックした航空機をバングラディシュのダッカに強制着陸させました。乗客を人質にし、刑務所に収容されている仲間の釈放と身代金を要求しました。これに福田赳夫は「人の命は地球より重い」などという物理法則に反する妄言を吐きながら応じました。テロリストを檻から放ち、追い銭までくれてやったのです。

ちなみに当時の日本の世論は、福田支持です。

それから一か月もたたない十月十三日、ドイツ赤軍に雇われたテロリストがルフトハンザ航空機をハイジャックしました。日本赤軍と同じように、仲間の釈放と身代金を要求します。シュミットは断固拒否、パイロット一人の犠牲者を出しながらも、特殊部隊で制圧しました。

国家として当然のことなのです。ちなみに、シュミットは社民党出身の首相です。保守だけでなくリベラルも、国家として当然のことを行う。これこそが憲法観の合意です。

第五節　「ハプスブルク大公」――ピクニックで東欧を救う

冷戦最末期、西側諸国は結束してソ連と戦いました。いずれの国でも長期政権が続きます。アメリカは、ロナルド・レーガンが八年。イギリスは、マーガレット・サッチャーが十二年、フランスは、フランソワ・ミッテランが十四年、西ドイツは、ヘルムート・コールが十六年、日本は、中曽根康弘が五年。

なんか、最後にまちがい探しのような人物が登場しました。我が国では、伊藤博文以来、十年も総理大臣をやった人がいません。これ、通説というよりも否定のしようがない事実を並べたのですが、それにしても日本の総理大臣の任期の短さ。短くても中身があればよいのですが、コールと中曽根を比べてみると、褒められるところがありません。

二人が首相になったのは、同じ一九八二年です。コールは十月一日、中曽根は十一月二十七日です。

コールはシュミット首相に不信任案を突き付け、自分が取って代わります。そして半年後の翌年三月に総選挙で信を問い、多数を獲得して政権を安定させました。

外相のハンス＝ディートリヒ・ゲンシャーの任期は十八年です。ドイツ国内では自由民主党（ＦＤＰ）党首で、コールのキリスト教民主同盟の前は、シュミットの社民党とも連立を組んでいましたが、コールが内閣不信任案を提出した際に同調し、引き続き副首相兼外相の地位を占めています。外相在任十八年は最長記録ですが、それだけに西側諸国の信頼は厚く、西ドイツの地位安定に欠かせない人物となっていました。

中曽根は、政界の闇将軍と言われた自民党最大派閥の領袖である田中角栄の支援で、自民党総裁選挙に圧勝、首相にしてもらいました。当時の田中はロッキード事件で刑事被告人でしたから、自分が総理になれないので、中曽根を傀儡にしたのでした。中曽根も一九八三年暮れに解散総選挙に打って出ますが、理由は「田中角栄に命令されたから」です。そして過半数割れの大敗で、結党以来初の連立政権に追い込まれましたが、田中派が支持してくれるので総理を辞めなくてすみました。

ただし、外相には安倍晋太郎を据え、三年間動かしません。官房長官の後藤田正晴と大蔵大臣の竹下登とともに、内閣の要としました。安倍は、世界が勢力の均衡で動いていることをわかっている、この時代では珍しい政治家でした。「空飛ぶ外相」と呼ばれ、在任中は世界中を飛び回っています。そのために体を壊し、ついぞ総理になれなかったのですが。中曽根のちゃらんぽらんな姿勢は西側諸国の不信を買っていましたので、その尻ぬぐいに飛び回ったようなものです。

さて、東側でも変化が起きます。一九八五年三月、ミハイル・ゴルバチョフがソ連共産党書記長に就任します。ゴルバチョフはペレストロイカ（再建）を唱え、改革姿勢を示します。既得権益層が強いソ連で、ゴルバチョフのような改革派が出てきたということは、変化の兆しです。どんな変化かは、まだわからないのですが。

五月八日、リヒャルト・フォン・ヴァイツゼッカーが議会で「終戦四十周年演説」を行い、日本では岩波書店をはじめとするサヨクが狂喜乱舞しました。

通説

ヴァイツゼッカーの「過去に目を閉ざす者は結局のところ現在にも盲目となります」と

の発言に耳を傾けよ。ドイツはナチスの犯罪を謝罪し、歴史問題を解決している。

そして、「日本もドイツを見習い謝罪と賠償をしろ」と金をムシリにくる輩が後を絶たないので困りものです。

ヴァイツゼッカーに限らず、ドイツ人はナチスの犯罪を謝罪などしていません。むしろ、責任をナチスに押し付けています。自分たちも被害者なのです。

ユダヤ人に対しても補償はしても賠償はしていません。お金を渡すのは同じですが、補償は「お悔やみ申し上げます」、賠償は「私が悪うございました」です。まったく意味が違います。

それに対し、日本は戦争に負けた賠償をしています。非を認めているのです。中曽根内閣がそうした日本の態度を毅然と国際社会に発信したという話は聞いたことがありません。日本の歴史学者や教育者のなかには「ヒトラーより悪いことをした国がある」と大日本帝国を批判する人もいますが、これがドイツをどれだけ喜ばせるでしょうか。

同じ年の九月、G５はプラザ合意をします。詳細は何冊かの本で書きましたが、要するにアメリカが日本に円高不況を押し付けてきたが、当時の大蔵省に心ある人がいて日銀にバズーカを撃たせたら勢い余ってバブル好況になり、アメリカの連邦準備制度理事会（FRB）のほうがお家騒動になった、という話です。『嘘だらけの日露近現代史』でも延々三頁にわたり紹介していますが、冷戦期の日本なんてほかに書くことがないのです。

これとて、米英仏がソ連をつぶそうと本気で軍拡をしているときに、西ドイツと日本に軍費を求めたという話です。

西ドイツは核武装こそしていませんが、戦車を千両並べ、ヨーロッパ最大の陸軍国です。それでも「経済大国として威張っていられるのは軍拡が足りないからだ」と〝矢銭〟を押し付けられるわけです。二つの世界大戦の記憶を忘れない米英仏は、現実には西ドイツに軍拡を求めながらも、必要以上の軍事強国化を恐れているから、「ほどほどに軍事協力させ、金は巻き上げる」なのです。

コールもそれをわかっているから、自国が不況になるのを覚悟でマルク高誘導に応じたのです。

この年の二月に田中角栄が倒れ、中曽根は軛《くびき》がなくなったはずです。ついでに言うと、角栄が倒れた第一報を記者から聞かされた中曽根の、笑いをかみ殺せない表情をカメラは捉えています。しかし、時代が大きく変わろうとしているときにどんな抱負があったのか、はなはだ疑問です。「日本列島は不沈空母だ」と勇ましいことは言うのですが、何もしていないのです。少なくとも、西ドイツのコールに比べると。

例えば、中曽根は「戦後政治の総決算」を掲げ、防衛費GNP一％枠突破を断行しました。当時の日本のマスコミは、「右傾化」「軍国主義の復活」「戦前の亡霊」などと書き立てました。しかし本章をお読みの方々は、お気づきでしょう。冷戦期、NATO標準は防衛費GNP（現在ではGDPで計算）二％なのです。中曽根は「一・〇〇四％」で「戦後政治の総決算」などと威張っていたのです。米英仏などの同盟国からすれば「正気か？」です。

そして、これから激動を迎えようとしている一九八七年、中曽根康弘は与党自民党の党則に従って退陣します。ここから一九九一年までの世界史的大激動の時期に、日本の総理大臣は竹下登・宇野宗佑・海部俊樹と目まぐるしく変わります。日本はソ連に北方領土を奪われたままです。西側諸国と連帯して軍拡を行い、機を見て武力で取り返す準備をしている……はずがなく、安逸を貪っています。

ある外交官がトルコ人留学生に、敗戦時のドサクサでソ連に占領された北方領土問題をどう解決したらいいかと聞いたら、即座に「戦争で取られたものは戦争で取り返すしかない」との答えが返ってきたそうです。トルコといえば親日反露で知られていますが、そのトルコ人からしても、まじめに防衛努力をしないで話し合いで領土を返してもらおうなどと考える日本人は、虫がよすぎるのです。

対照的に、西ドイツは動きます。ゲンシャー外相が「東方政策」を唱え、東ドイツに融和を訴えます。一九八七年には、東ドイツのエーリヒ・ホーネッカー議長が分裂後初めて西ドイツを訪れました。東ドイツはシュタージ（国家保安省）と呼ばれる秘密警察で有名な、不気味な恐怖政治の代名詞のような国でした。現に自由を求めて西ベルリンに逃亡しようとした多くの若者が、シュタージに殺されています。一九七一年から東ドイツの独裁者となったホーネッカーは恐怖政治の象徴でした。

ただソ連には面従腹背で、ゴルバチョフの改革路線には反発、本音は東西ドイツの統一でした。もしかしたら、西側主導でもいいと考えていたのかもしれません。

冷戦を勝利に導く西側の戦略は明快です。一義的に軍拡競争を挑みます。米ソともに相手を圧倒できるだけの軍備を持とうとします。ソ連は同じ共産主義国の中国と仲たがいして孤立していますが、アメリカには核武装国の英仏が味方ですし、経済大国の西ドイツと日本も控えています。西側陣営は、ソ連が経済力の限界まで軍拡をし、そして破綻するのを待っているのです。

西側諸国は経済に頼るだけでなく、攪乱工作も行います。スパイによる工作は東側のお家芸のようなところもありました。自由主義国は移動の自由が認められていますから、スパイも入り込みやすいのです。それに対して東側諸国は、監視社会です。防諜ひとつとっても、自由主義国は個人の権利を尊重しなければならないのですが、東側にはそんなものは必要なく、報道する情報も管理します。だから、西側の情報はテレビで見ることができるのに、東側の実情はさっぱりわからない、という状況が長く続きました。しかし、徐々に変わります。

西側の反撃の第一歩が、ローマ教皇ヨハネ・パウロ二世のポーランド訪問でした。ヨハネ・パウロ二世は初のポーランド出身の教皇です。故郷ポーランドへの教皇訪問に、ソ連の圧政に苦しめられていたポーランド人は歓喜します。ソ連の支配下にあっても熱心なカトリックの信仰を捨てていませんでしたから、外の世界に助けがいると希望を持ったのです。東側の扉が開きました。

物事には表と裏があります。長らく、こちらの情報はテレビで向こうにダダ漏れの一方、東側の情報統制で彼らの国の実態がどのようなものか西側は推し量るしかありませんでした。しかし、東側は庶民すらテレビで西側の情報を知ります。すると自分たちの政府は西側を暗黒社会のように宣伝していたのが、嘘だとわかってしまうのです。東ドイツをはじめ東欧諸国は、第二次世界大戦の結果、無理やりソ連の「衛星国」とされました。表向きは主権国家ですが、ソ連の意に背くことはできません。四十年以上ものうっ憤がたまっているのです。針を一刺しすれば爆発する寸前だったのです。そこに、一刺しする人物が現れました。

ハプスブルク家当主、世が世なら神聖ローマ帝国皇帝である、オットー・フォン・ハプスブルク大公です。オットー大公は、「ピクニック」を計画しました。

ハンガリーは言うまでもなく、旧ハプスブルク家の版図です。チェコ、スロバキア、ポーランド、ルーマニアは、戦間期につかの間の独立を味わいましたが、今はソ連に支配されています。ソ連と比べて、ハプスブルクの時代は「懐かしい」なのです。オットー大公が訪れて「私は帰ってきた！」と叫ぶと、大歓迎になるのです。

一九八九年八月、汎ヨーロッパピクニックが開始されました。東ドイツの市民千人がハンガリーに「ピクニック」に訪れます。この時、ハンガリーとオーストリアの国境が開きました。偶然です。ものすごく意図的な偶然のような気がしますが、とにかく東から西への国境が開きました。千人の東ドイツの人が雪崩を打って、オーストリアに駆け込みます。この動きは自然と伝播し、またたくまに東欧全体に広がりました。随分と不自然な気もしますが、とにもかくにも燎原の火のごとく、長年の恐怖支配から西側に逃げこもうとする人々で、東欧中がパニックになり、各国政府は手に負えません。

大体、衛星国の政府の連中だって、ソ連に無理やり従わされているだけなのです。昨日まで国民を監視してきた秘密警察の連中も、自分だって逃げ出したいくらいです。

言うまでもなく、オットー大公は、これを狙ってやりました。レーガン、サッチャー、ミッテラン、コールが事前に承知していないはずがありません。海部俊樹が知っていたとしたら、歴史を覆す大発見でしょうが。

ほどなくして、ソ連に忠誠を誓い恐怖政治を敷いていた独裁者たちは、その座を追われていきます。東ドイツでは十月十八日、ホーネッカーが解任されました。

そして十一月九日、東西冷戦の象徴だったベルリンの壁が崩壊します。若者が壁に登り、トンカチやツルハシで壊している映像を見たことがあるでしょう。あれです。

こうして、東欧諸国はソ連の衛星国から解放されました。

第六節　「コール」――東西ドイツ統一を実現

私は仲よし四人組の大学卒業旅行で、英仏独と回りました。お目当てはポツダム宮殿だったので、最終日に高いホテルに泊まるために、それまでは安いユースホステルにしました。かしわもちとカネゴンはチャーチルとスターリンの席を奪いあっているので、三人の集合写真では私は真ん中のトルーマンの席に座っています。カメラマンはトビー。ミュンヘンのナチスがよく使ったビアホールでは、なぜか私は入店禁止。仕方ないので近所の出店を回っていたら、ヒトラーのブロマイドが普通に売られていました。

ドイツで最初に着いた土地はベルリンです。着いた瞬間、「ベルリンの赤い雨！」などと手刀を振りかざして、はしゃぎだす私。マクドナルドに四人で入って三人だけがポテトを注文したのに、四つも持ってきて。こちらが「三つしか頼んでないよ」と伝えたら「面倒くさいからいいよ」とサービスしてくれました。ドイツ人って几帳面なんじゃなかったっけ？　などと怪訝な表情をしてしまいました。

楽しい旅行だったのですが、お目当てのベルリンの壁の残骸だけは、神妙な気持ちになりました。一九九六年、すでにドイツは統一されていましたが、歴史を忘れまいとの静かな気概は感じました。

ドイツ人は「自分たちは第二次世界大戦の敗戦後、東西分断で塗炭の苦しみを味わった。しかし、戦い抜いて勝った。この歴史を未来永劫忘れてはならない」と考えていることがよくわかりました。ベルリンの壁を骨とう品として展示しているのではなく、さらし者にしているのです。果たして、戦後の日本人にこの気概があったか。これこそが本物の歴史認識なのではないか。今思えば、あのときの思いで、私は「嘘だらけシリーズ」を書いているような気がします。

さて、戦いは勝敗の帰趨が見えてからが最激戦になるもの。西ドイツは、民族悲願のドイツ統一に向け、必死の外交戦です。

コールは、同盟国の米英仏の同意を取り付けつつ、ゴルバチョフに直談判し、ドイツ統一に向けた外交交渉を続けます。

一九九〇年七月十六日、ソ連は統一後のドイツがＮＡＴＯに残留することを認めました。東欧の衛星国すべてが離反し、経済は疲弊。軍事行動で挽回できる状況ではありませんから、万策尽きた状態です。認めざるを得なかったのです。

世界の大国がドイツ問題に注目するなか、中東ではイラクのサダム・フセインがクウェートに侵攻しました。湾岸危機です。米英仏は、「何をこの忙しいときに！」とは言っておられず、多国籍軍を中東に集め、サダムに「クウェートを返せ！」と迫ります。西ドイツは「基本法上の理由でＮＡＴＯ域外にドイツ軍を派遣できない」と多国籍軍への参加を拒否しますが、多国籍軍に参加した国々からは「金だけ出して血を流さないとは何事だ！自国の憲法を盾にとるな！」と非難囂々です。西ドイツは、東西ドイツ統一に横やりが入ってては大変なので、「今回は間に合いませんが、基本法を改正して、次の機会には参加できるようにします」と国際社会に説明し、合意を得ます。実際に、与野党合意で基本法を改正しました。ドイツ人からすれば、湾岸戦争などという些末な事件で大事業を邪魔されてはたまらないのです。

十月三日、東西ドイツ統一が実現します。実態は、西による東の併合です。コールとゲンシャーは、これを滞りなく行いました。

一九九一年六月二十一日、ベルリン遷都が決定します。名実ともに、ドイツは冷戦の勝利者となりました。

なお、この年の年末、ソ連が崩壊します。ざまあみろと言いたいところですが、我が日本人に言う資格があるかどうかを考えると、東西冷戦において何の存在感も示していないので口ごもるしかないのですが……。

さて、ここでドイツの法則です。
一、生真面目。二、勢いに乗る。三、詰めが甘い。
コールもまた、ご多分に漏れません。統一後のドイツは多幸症（ユーフォリック）と呼ばれる状態になりました。要するに舞い上がっているのです。ついでに言うと、イタリアで開催された一九九〇年サッカーワールドカップで西ドイツが優勝しました。国を挙げてのお祭り騒ぎのところに統一です。これで舞い上がるなというほうが無理かもしれません。

その余波を食らったのがユーゴスラビアです。

何をやったかというと、スロベニアの独立はユーゴの支配民族であるセルビア人ですら認めている国際社会の合意事項だったのですが、クロアチアに関しては慎重でした。ところが、ドイツがクロアチアの過激派の主張に同調したので紛争が勢いづいてしまったのです。

あまりの独走に怒ったデ・クエヤル国連事務総長から詰問状が届き、ゲンシャーがやり返して延々と公開論争を続けるという醜態でした。

ドイツが後ろ盾になってくれると考えたクロアチアは、セルビアに対する闘争を開始します。テレビでは「ありがとう、ドイツ」のテーマソングを流しながら、クロアチア政府は国民を鼓舞します。

こうして、十年に及ぶユーゴ内戦が始まりました。無責任極まりない話です。もはやドイツにとって、国境を接していないバルカン半島など、どうでもいいのです。

一九九二年二月七日、EUを設立するマーストリヒト条約が結ばれました。今のEUは政治的にはフランスが主導していますが、経済的にはドイツの独壇場です。そうなる端緒が、ここです。それが嫌でイギリスはのちに離脱するのですが、それはさておき、ドイツはウハウハです。

コール本人も絶頂期に引退しておけばいいものを、引き際を誤ったので、みっともない辞め方をします。一九九八年の総選挙で敗れて退陣しました。さらに追い打ちをかけるように、一九九九年には闇献金疑惑が浮上し、キリスト教民主同盟の名誉党首をクビになります。司法取引で捜査終結になりますが、それを見届けた奥さんが病気を苦にして自殺しています。

戦後ドイツ史最大の英雄の晩年にしては寂しすぎます。

コールの後任首相は、社民党党首ゲアハルト・シュレーダー。こいつ五回も結婚しているのですが、ダブル不倫の末に結婚した今の嫁ハンは、コリアンです。日本の慰安婦問題とか、よくも関係のないことに口を突っ込んでくるなと思っていましたが、ど〜りで。東アジアに関しては、親中親韓反日です。

一九九九年のコソボ危機では、あやうく世界大戦を起こしそうになりました。アメリカ大統領のビル・クリントン、イギリス首相のトニー・ブレアと組んで、コソボから撤退すると宣言しているセルビアにありったけのミサイルをぶち込みました。こいつら、単なる殺人鬼です。結果、西側と融和的だったロシアのボリス・エリツィン大統領はメンツを潰され失脚、代わって登場したのがウラジーミル・プーチンです。

プーチンのやっていることといえば、アジアでは中国のパシリ。一度として中華様に逆らったことはありません。一方でヨーロッパ正面では旧ソ連の版図を取り返さんばかりの侵略戦争の数々。チェチェン、グルジア、クリミア半島とやりたい放題です。エリツィンはロシアを「人を殺してはならない」という価値観が成立する国にしようとしたのですが、クリントン、ブレア、シュレーダーの三バカがこれを一生懸命につぶしてくれました。結果、まちがいなく人を殺すことなどなんとも思っていないプーチンの登場です。シュレーダーはコソボ紛争で、基本法改正後初の軍の域外派兵をやりたかっただけなのです。

バルカン紛争をなんとか世界大戦にさせないように収拾し、シュレーダーが決定的に狂わないように手綱を握っていたのが、フランスのジャック・シラク大統領でした。

二〇〇一年のアルカイダによる九・一一テロと、それに続くアフガン紛争では、英仏独などNATO加盟国すべてがアメリカを支持しています。しかし、続くイラク戦争では米英と仏独は割れました。イラク戦争の原因は、当時のアメリカ政府内で発言権があったネオコンと称する連中がサダム・フセイン打倒を進言し、アルカイダに同胞を殺されて頭に血が上っているアメリカ人は「サダムを殺せ」の大合唱になったのです。アメリカ人が頭に血が上って正気を失うのはいつものこと、こんな連中を世界の覇権国家にしたのを今さら呪っても仕方がないので、それなりに対処するしかありません。

こういうとき、アメリカについていくのが、イギリスの役回りです。ブレアでも、それくらいはわかっています。一方、フランスは米英と異なる立場を取りつつ、まちがってもドイツがロシアや中国と結びつかないようにするのが役回りです。

いくら普段はプーチンや江沢民と仲よくしていても、いざ戦争のときはシュレーダーだって、ドイツがアデナウアー以来積み重ねてきた西側陣営としての同盟を覆すわけにはいきません。イラク戦争には反対し、参戦せずとの立場でしたが、米英の領域通過は認めました。

さて、ベネディクト十六世が四百年ぶりのドイツ人ローマ教皇に当選した二〇〇五年、めでたいことは重なるもので、総選挙でシュレーダーが負けました。しかし、SPD系もCDU系も過半数を得られなかったので、大連立を組むことになります。で、シュレーダーは第一党の地位を滑り落ちているにもかかわらず首相の地位に執着し、政治空白を生みます。

どこまでも見苦しい男だ。

そんなわがままがいつまでも通るはずがなく、キリスト教民主同盟党首アンゲラ・メルケルが首相になりました。この時、イギリスの憲法学者のナントカさんが、「シュレーダー氏が首相にとどまるいかなる立憲的根拠もないはずだ」とコメントしていたのが印象的です。さすが世界の憲法政治の母国、イギリスの憲法学者の発言は外国の政治にすら権威があるのだと感心したものです。

メルケルはドイツ史上初の女性首相。東ドイツ出身者としても初の首相です。あだ名はアンディー。政界入りのときは「コールの娘」と言われていた直系ですが、コールが闇献金疑惑で追及されたときは、先陣をきって裏切った変わり身の早さ。巧みな政界遊泳術で首相に上りつめました。「成功した野田聖子」と言えばいいでしょうか。

ちなみに「政界の聖子ちゃん」は、三十七歳で初入閣です。その後の政界遊泳術は大失敗。首相には遠く及んでいません。

アンディー、中国にベンツやフォルクスワーゲンの工場を建ててまわるのを手始めに、あちらに傾斜しているようです。アンディーの言い訳としては、ロシアが目の前の脅威である以上、遠交近攻で中国と仲よくして牽制してもらわなければならないのでしょうが。だからといって、「日本は国際公約を守って消費税を八％に増税しろ」と言ってくるのは、どうなのでしょう。もっとも、我が国の安倍晋三首相がしっかりしていれば、ドイツや外国が何を言ってきても知ったことではないのですが。

我が日本が国家としての自立を取り戻すのは、いつの日やら。

おわりに

いよいよ六年続いた「嘘だらけシリーズ」も終わりかと思うと、感慨深い。後に担当となる扶桑社の犬飼孝司さんに持ち込みに行った七年前の十二月二十二日が、昨日のように思い出される。この本を出せなければ死ぬ、という殺気に満ち溢れていたような気がする。我ながら、殺伐としていたものだ。

あのころとは環境も激変した。私も周りも。

犬飼さんは、『週刊ＳＰＡ！』の編集長になられた。私も「言論ストロングスタイル」を連載させてもらっている。実に居心地がよく、ありがたいことだ。私は多くの人に支えられて世に出してもらったが、犬飼さんは大恩人の一人だ。

私のアシスタントチームも倉山工房として会社化した。本書では細野千春さんと徳岡知和子さんに校閲をお願いした。頼れる仲間に囲まれる未来など想像もできなかった。

今は信じられないほど穏やかな日々だ。こうして己の望む仕事だけを生業とできることに感謝しかない。

さて、シリーズを読まれてきた方はお気づきだろう。近代史において、我が国は世界に誇るべき歴史を持っている。惰眠をむさぼる末期清朝や李氏朝鮮を横目に明治維新をやり遂げ、日露戦争を勝ち抜き、世界に冠たる大日本帝国を築いた。しかし、昭和初期には国策を誤り、負けるはずがないのに負けてしまった。そして、その後の日本国は地球の地図に、国名ではなく、地名としてのみ残っている。実は、昨日の末期清朝や李氏朝鮮は、今日の日本そのものなのだ。

なぜ、こうなってしまったのか？

それは、正論が通らない国になってしまったからだ。本シリーズでは、はからずも石井菊次郎がレギュラー化してしまった。石井は、日本が名実ともに世界の大帝国に登りつめた時代の名外交官である。そして、昭和初期には常に正論を説き続けたが、皆が耳を傾けることは一度もなかった。大日本帝国の栄光と没落を象徴する人物である。

そして七年の歳月が過ぎ、目の肥えた読者が育ってくれた。石井は温厚な紳士であった。ゆえに、正論を通すことはできなかった。石井は自ら戦場を潜り抜けた最後の外交官である。その石井すらも、幕末の志士や明治の元勲のように、正論を押し通す気迫を欠いた。

正論が通らなくなったとき、国は亡びる。では、いつになったら日本は正論が通る国になるのだろうか。

それは、日本人が再び賢く、そして強くなったとき以外にないではないか。まずは賢くなることだ。

最後に。

通説

日露戦争に勝ったあとの日本は本当にダメな国だ。平和ボケで舞い上がり、愚かにも世界中を敵に回して喧嘩して負けてしまい、たった一回、戦争に負けたくらいで卑屈になってしまった、本当にみっともない国だ。

いつか、後世の日本人が「あのときは負けたフリをしてやっただけだ」と言える日を信じ、筆をおく。